부동산
투자의
관 점

남들이 보지 못하는 가치를 찾아내는

부동산 투자의 관점

오윤석 지음

P page2

차 례

CHAPTER 1

가격이 아니라 가치에 답이 있다

CHAPTER 2

낡은 부동산 승자이론에서 벗어나라

CHAPTER 3

급변하는 시장이 미래가치를 선점할 적기

CHAPTER 4

진짜 가치를 알아보는 판단력을 기르자

CHAPTER 5

입지와
사업성을
분석할 수 있는가

CHAPTER 6

부동산 투자에도
기획력이
필요하다

CHAPTER 7

부동산 정책, 어떻게 바라볼 것인가

CHAPTER 8

성공을 결정짓는 사고의 차이

부동산을 관통하는
나만의 판단 기준을 갖기 위해

20대 중반의 어느 날, 내 호주머니에는 단돈 천 원이 없었다. 열정도 없고 성실하지도 못해 궁핍한 젊은 시절을 보냈던 것일까? 아니, 당시 필자는 그 누구보다 열심히 일했다. 성실하게 군생활을 하며 박봉이지만 차곡차곡 돈을 모았고, 제대 후에는 본격적으로 부동산 투자자가 되고 싶어 선배를 따라 발이 부르트도록 현장을 다녔다. 작은 물건이었지만 실제 경매에도 참여하며 공부를 했다. 필자는 부동산으로 가난한 내 인생을 바꾸겠다는 열정과 패기에 똘똘 뭉쳐 있었다.

그러나 한순간의 잘못된 선택으로 필자는 빈털터리가 되고 말았다. 열심히 하면 할수록 돈을 벌기는커녕 계속해서 돈을 잃었고, 결국에는 모든 것을 탈탈 털리는 지경에까지 이르렀다. 당시의 괴로움과 슬픔은 '배가 고플 때 밥 사 먹을 돈도 없다'는 정도가 아니었다. 내 인생의 모든 것이 무너져 내린 느낌이었다. 대체 무슨 일이 있었던 것일까?

▪ 20대에 마련한 '내 집'으로 맞닥뜨린 승자의 저주

2003년이었다. 필자는 당시 작은 집에 전세를 살고 있었다. 비록 지금은 가난한 청춘이지만 몇 년 뒤에는 내 이름으로 된 집과 건물을 장만하고 부자가 될 수 있으리란 장밋빛 꿈을 꾸며 하루하루 열심히 살고 있었다. 그러던 어느 날 법원에서 발송한 등기우편 한 통이 도착했다.

'귀하가 사용(점유)하고 있는 부동산이 경매가 신청되어 법원의 명령에 따라 소속 집행관이 부동산의 현황, 점유 관계, 차임 또는 보증금의 액수, 그 밖의 현황 등을 조사하기 위해서 방문하였으나 귀하를 만나지 못하여 안내문을 드리오니 소유자 및 임차인, 점유자께서는 궁금한 사항이 있으시면 아내 연락처로 문의하여 주시기 바랍니다. 참고로 귀하가 소액 임차인 또는 확정일자를 받은 임차인일 때에는 다음 서류를 첨부하여 ○○지방법원 경매○계에 배당 요구 종기일까지 권리 신고 및 배당 요구 신청서를 제출하셔야만 법률의 규정에 따른 보호를 받으실 수 있음을 알려 드립니다.'

집주인이 어떤 이유에서인지는 몰라도 몹시 곤란한 상황에 빠진 상황을 미뤄 짐작할 수 있었다. 만약 독자 여러분이 이런 안내문을 받게 되면 많이 당황할 수밖에 없지 않을까 싶다. 부동산에 대해 잘 모르면 경매, 권리 신고, 배당 같은 낯선 용어에 덜컥 겁부터 집어먹을 수밖에 없기 때문이다.

하지만 내 입장에서는 큰 문제가 아니었다. 알다시피 당시 필자는 열심히 경매 시장에 참여하던 중이었다. 따라서 절차대로 권리 신고를 하고 다른 거주지를 알아보면 간단히 해결될 일이었다. 그러나 필자는 후순위 임차인으로서 보증금의 손해액을 줄이는 목적으로 경매에 참여하는 방어입찰을 선택했다. 내가 살고 있던 집의 경매에 입찰 참여를 결정한 것이다.

내가 경매에 참여한 행동에 대해 합리적인 이유를 말하고 싶지만, 솔직하게 고백하면 전혀 아니었다. 지금 생각하면 정말 어처구니없는 이유였다.

첫째, 전세보증금을 지키고 싶었다. 둘째, 내 소중한 공간을 다른 사람들과 공유하기 싫었다. 셋째, 이사에 대한 귀찮음도 컸다. 경매에 성공한 누군가가 찾아와 "집 언제까지 빼주실 거

예요?"라는 말을 듣고 싶지도 않았다. 무엇보다 당시는 몇 건의 경매에 참여하며 어느 정도 자신감이 붙던 때였다. 맞다. 내가 맞닥뜨린 갑작스러운 상황을 나는 어느새 하늘이 선물한 절호의 기회라고 착각한 것이다. 당시 내가 거주하던 곳은 신축 다세대주택이었다. 보증금도 지키고, 분양가보다 40% 정도 저렴한 금액으로 입찰에 성공한다면? 20대에 내 집을 마련하게 되는 것이었다.

그리고 매각기일, 나는 입찰에 성공했다. 최고가 매수인에 내 이름이 불리는 순간, 보증금을 지킬 수 있다는 안도감과 집주인이 되었다는 기쁨에 주먹을 불끈 쥐었다. 그러나 기쁨은 잠시였다. 확인해 보니 낙찰 금액이 차순위와 입찰가 기준 10% 넘게 차이가 났다.

'내가 너무 높게 입찰했나?'

찝찝한 감정이 들었지만, 애써 앞으로 행복한 삶이 펼쳐질 것이라 믿으며 나는 경매법정에서 나왔다.

입찰에 성공했으니 남은 것은 잔금 납입이었다. 낙찰액의 80%는 입찰 전 거래은행과 대출 상담이 끝난 상황이라 크게 신경 쓰지 않았다. 하지만 대금지급기일 통지를 받고 은행에 대출서류를 작성하러 간 당일, 은행의 태도가 돌변했다.

"죄송하지만 대출이 불가능합니다. 최근 정부에서 시장억제 정책을 발표해서 저희 은행들도 대출을 급격하게 줄여야 하는 입장이라….”

어처구니가 없었다. 은행은 말 그대로 '신용' 기관이 아닌가? 자기들이 약속해놓고 정책 탓을 하면서 대출 불가라니!

그러나 항의한다고 결정을 되돌릴 방법은 없었고, 어떻게든 대안을 찾아야 했다. 결국 시중은행에서는 대출이 힘들어 S생명보험사에서 대출을 받아야 했다. 시중은행 금리가 6%인 반면 S생명보험사는 8.9%였지만 선택의 여지가 없었다. 8.9%라는 고금리가 내 삶에 어떤 영향을 미칠지 그 시점에는 생각할 겨를조차 없었다. 그렇게 여러 고비를 넘긴 뒤에야 나는 서류상으로 완벽한 내 집을 장만하게 되었다. 20대까지 쉼 없이 달려온 결과, 드디어 내 삶에 여유가 생겼다고 나는 생각했다. 그러나 여유는 채 1년을 가지 못했다.

나는 그때까지만 해도 내가 '승자'인 줄 알았다. 그러나 나는 승자의 저주에 갇힌 '패자'에 불과했다. 점점 과열되고 있는 부동산 시장을 억제하기 위해 정부의 금융정책이 지속적으로 시행되기 시작했다. 금융규제의 수위가 높아질수록 나의 삶도 고통이 중과되었다. 높은 금리가 나의 삶에 영향을 미치기 시작한 것이다. 자연스레 부동산 시장이 경색되었고, 그로 인해 기존 낙찰받은 물건들이 매각되지 않아 금융비용이 증가했다. 지금 생각해도 상상을 초월하는 금액이었다.

그때부터 나는 이자의 노예로 전락하고 말았다. 자금 흐름이 경색돼 이자를 내기도 버거웠다. 내 스스로 덫에 걸린 것이다. 정부 정책과 거시경제가 다세대주택(빌라) 실거래 가격에 미치는 영향을 알지 못한 채 무턱대고 집을 낙찰받았으니, 지금 생각하면 정말 귀신에 씐 듯했다.

나는 도대체 무슨 자신감으로 거리낌 없이 잘못된 선택을 했던 것일까? 심지어 잘못된 선택 직후에도 다가올 위험을 느끼지 못했던 것일까?

이 책은 바로 내가 겪었던 고통에서 시작된다. 내가 왜 실패했는지를 통해 부동산 투자 혹은 부동산 관련 사업을 꿈꾸는 독자 여러분들에게 어떻게 하면 나와 같은 실수를 겪지 않고, 부동산을 나에게 행복만 선물하는 친구로 만들 수 있는지를 알려줄 예정이다. 이것은 단 한 줄의 목표로 요약할 수 있다.

'부동산 시장을 관통하는 나만의 성공적인 판단 기준을 마련하는 것'

부동산은 우리에게 가깝고도 먼 친구라고 할 수 있다. 기쁨을 함께하기도 하지만, 배신 역시 스스럼없이 하기 때문이다. 그렇다면 우리는 어떻게 해야 부동산을 배신하지 않는 친구로 만들 수 있을까?

우리는 태어나면서부터 삶을 마감할 때까지 공간, 즉 부동산에 의존한다. 부동산과 떨어져 절대 존재할 수 없다. 쉼을 주는 주거 공간, 업무를 진행하는 공간 등의 다양한 이유로 우리는 부동산, 즉 공간을 활용하고 있다.

문제는 시대와 트렌드가 변화함에 따라 특정 공간에 대한 선호도와 수요 역시 변화한다는 것이다. 이와 비슷한 맥락으로, 사람들이 선호하는 지역 역시 한정된 토지 위에 공급할 수 있는 부동산(공간)은 한정되어 있어, 인기 있는 지역의 부동산 가격은 높아질 수밖에 없다.

요즘 MZ세대들 사이에서 MBTI(자기보고형 성격유형 검사)에 대한 관심이 뜨거운데, 이처럼 사람의 성격이 다 같지 않듯 부동산 역시 동일한 물건이 존재하지 않는다. 쌍둥이도 외형은 닮았어도 내면의 모습은 다르지 않은가!

부동산도 같은 이치로 바라봐야 한다. 우리에게 너무나 소중한 존재인 부동산, 우리의 눈에 보이지 않는 부동산의 정확한 아이덴티티(identity)에 대해 분석을 잘할 줄 알아야 한다.

하지만 대다수의 사람들은 부동산을 바라볼 때 겉모습, 다시 말해 가격이나 수익적 측면에만 집중하고 있다. 그러나 부동산을 바라보는 관점을 외형적인 모습, 즉 돈이라는 수익적 측면에서 내면에 숨겨져 있는 가치를 찾아 발현시킬 수 있을 때, 비로소 부동산이 내게 더 친근한 친구로 다가올 것이다.

여러분이 부동산이 가지고 있는 내면의 모습을 보다 합리적으로 판단할 수 있는 기준을 갖출 수 있다면, 그때부터는 부동산이라는 친구는 슬픔과 고통, 배신을 안기는 존재가 아니라 늘 가까이하고 싶은 친근한 존재가 될 수 있다.

그러나 현실은 어떤가? 안타깝게도 필자가 겪었던 일처럼 본인이 승자인 줄 알고 지내다가 패자로 전락하는 이들이 정말 많다. 온갖 노력을 통해 집 한 채, 건물 한 채를 구입한 뒤 가격이 1억, 3억, 5억씩 올라갈 미래를 떠올리며 가슴이 부풀어 올랐지만, 얼마 가지 않아 기대가 와르르 무너지는 경험 말이다.

그런데 이런 경우 과연 부동산이 일방적으로 나쁜 친구였을까? 아니면 내가 부동산을 잘 몰라서 당했던 것일까? 이제까지 부동산을 의인화해 '친구'라고 표현했지만, 알다시피 부동산은 인격이 없다. 나쁜 심성을 가질 리도 없고, 의도적으로 나에게 악감정을 가질 리도 없다. 결국 내가 부동산을 제대로 몰랐던 것이고, 아무런 준비도 없이 시장에 뛰어들어 나타난 결과에 불과하다.

이처럼 부동산 투자는 하루아침에 우리를 천국에 올려놓기도 하지만, 반대로 지옥에 빠뜨리기도 한다. 리스크가 정말 큰 투자재인 것이다.

그럼에도 우리는 부동산이라는 친구를 절대 포기할 수 없다. 우리는 학교나 사회에서 만난 친구가 우리에게 '슬픔과 배신'을 줄 거라고 예단하지 않는다. 부동산도 마찬가지다. 예단할 필요가 없다. 기쁨과 행복을 주는 친구로 만들어 가면 된다. 그러기 위해서는 관점의 변화가 필요하다. 부동산을 바라보고 대하는, 나의 삶의 태도부터 변화시켜 보는 것은 어떨까?

▪ 부동산 고수로 향하는 첫걸음을 떼자

'이 책 한 권이면 부동산의 모든 것을 100% 알 수 있다'라고 자신 있게 말하고 싶지만, 안타깝게도 세상에 그런 책은 존재하지 않는다. 실제로 부동산 현장에서 20년 넘게 뒹굴며 준전문가가 되었다고 자신하는 필자 역시 지금도 끊임없이 공부를 하고 있다. 공부를 멈추는 순간 도태될 것을 절감하기 때문이다.

어떤 영역이든, 중요한 것은 입문이라고 생각한다. 입문 과정에서 얻게 된 올바른 관점과 태도, 훈련 방법이 평생을 좌우하기 때문이다. 그런 점에서 이 책이 모든 부동산을 관통하는 자신만의 판단 기준을 갖추는 데 나름의 도움이 되기를 바란다.

여러분이 부동산 투자로 좌절한 경험이 있다면 다시는 좌절을 느끼지 않기 위해 필자와 함께 열심히 공부를 시작해 보자. 반대로 부동산 투자로 성공한 경험이 있는 독자 분이라면 그때의 행복한 경험을 다시 만끽하기 위해 이 책을 통해 자신만의 생각을 정리하고 관점을 확장해 나가보도록 하자.

이제까지 여러분이 경험해 보지 못했던 부동산에 대한 새로운 관점과 접근 방식을 이 책을 통해 알 수 있게 되기를 소망한다. 부동산에 대한 색다른 상상력이 불을 뿜을 것이고, 보이지 않던 미래가치까지 보게 되는 색다른 경험을 하게 될 것이다. 나아가 부동산 관련 기사에 무조건 현혹되지 않고 행간에 숨어 있는 신호를 읽는 날카로움을 가지게 되고, 가격의 오르내림을 빌미 삼아 투기를 권장하는 사람들을 여유 있게 비웃어줄 수 있을 것이다.

이 책을 읽는 모든 독자 여러분이 진정한 부동산의 고수로 거듭날 수 있기를 간절히 기대하며, 삼프로TV의 「위즈덤칼리지」와 페이지2북스에 깊은 감사를 드린다.

오윤석 드림

CHAPTER

1

내 주머니에 천 원짜리 한 장 없었던 이유
철저하게 망가진 리스크 관리
지금도 반복되는 실수들
부동산의 가치를 결정하는 인간의 삶

가격이 아니라 가치에 답이 있다

내 주머니에
천 원짜리 한 장 없었던 이유

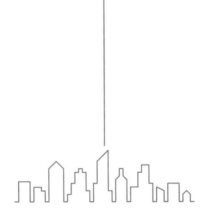

지금부터는 필자가 겪은 실패 스토리를 '부동산 투자의 5가지 프로세스'에 대입해 살펴보자. 이 프로세스는 책의 전반에 걸쳐 다뤄지는 매우 중요한 내용들이기에 반복적으로 등장할 예정이다. 또 우리가 함께 공부할 내용의 전체적인 구조이자 이 책의 뼈대이기도 하다.

이 말은 곧 5가지 프로세스의 자세한 내용을 하나씩 공부하는 것이 이 책의 전부라는 의미이기도 하다. 이를 반대로 해석하면, 부동산으로 겪는 모든 고통과 슬픔의 근원도 역시 5가지 프로세스에서 비롯되는 실수라는 뜻도 될 것이다.

철저하게 망가진 리스크 관리

필자의 첫 번째 실수이자 가장 큰 실수는 경매(방어입찰)에 참여한 것 자체라 할 수 있다. 경매를 비롯해 부동산 투자를 할 때, 투자자는 '이걸 해야 돼? 말아야 돼?'라는 고민과 그에 대한 답을 내리는 과정을 거친다. 눈에 보이는 모든 떡을 다 먹을 수는 없기 때문이다. 최악의 경우 독이 든 떡인 경우도 있고, 심지어 큰 수익이 예상돼도 내가 투자 결정을 내릴 상황이 되지 않을 수도 있다.

따라서 첫 번째 리스크 관리(risk management) 프로세스인 '현재의 상황 판단'이 반드시 선행되어야 한다. 내 눈에 보이는 물건의 상태를 자세히 분석하고, 투자에 참여해야 할 합당한 이유를 찾아내야 하는 것이다.

대표적으로 부동산 권리분석과 거시적, 미시적 환경을 살펴봐야 한다. 거시적으로 정부의 정책과 국내외 경제 환경이 부동산 시장 흐름(가격)에 어떤 영향을 미치고 있는지, 그리고 미시적으로 그에 따라 부동산 시장 흐름의 변화는 어떻게 발생하고 있는지를 자세히 살펴야 하는 것이다.

그러나 필자는 이러한 합당한 질문에 대한 답을 내기도 전에 경매에 참여했다. 어떻게 보면 어처구니없을 정도로 주관적이었다. '현재 상황 판단'을 완전히 무시했다. 부동산을 너무 섭게 보고, 지나치게 단순하게 생각했다.

애초부터 잘못된 판단으로 경매에 참여했으니, 그 뒤의 과정들이 제대로 될 리가 있을까. 자연스럽게 이어진 두 번째 실수는 내가 써냈던 3,312만 원이라는 금액이었다. 경매에 참여한 2003년 당시 2등인 2,810만 원과 무려 502만 원의 차이가 나는 금액이었다.

경매에 조금이라도 관심이 있는 사람이라면, 이런 차이가 무엇을 의미하는지 알 것이다. 이것은 리스크 관리 프로세스 중 두 번째인 '가치 판단'이 망가졌음을 의미한다.

만약 내가 살던 그 집의 가치와 가격을 대략적으로라도 판단할 수 있었다면 과연 2등과 현격하게 차이 나는 금액을 써낼 수 있었을까? 결국 필자는 아무런 가치 판단 없이 방어입찰금액에만 집중하여 3,312만 원이라는 금액을 써냈고, 그것이 완벽한 패착으로 작용했다.

나는 당연히 해야 할 것도 하지 않았다. 주위의 비슷한 물건 가격이 얼마나 되고, 어떤 개발 호재가 있는지 등등의 현장 조사도 하지 않았고, 앞으로 얼마나 가격이 오를까에 대한 안목도 전혀 없었던 상태였다. 그 결과 영예로운(?) 1위를 차지할 수 있었지만, 그것은 승자의 저주일 뿐이었다.

리스크 관리 프로세스의 세 번째인 '추측과 예상' 단계에서의 오판도 상황을 더욱 악화시키는 원인이 되었다. 2003년 당시는 참여정부 시절로 어마어마한 수요억제정책이 펼쳐질 징후가 곳곳에서 나타나고 있었다. 실제로 정부에서 구체적인 억제정책을 발표하자, 은행들은 대출을 빠르게 막기 시작했다. 그러나 필자는 거시경제의 흐름에 별다른 관심도 없었고, 그 결과 '대출 거절'이라는 막다른 골목에 다다랐다.

만약 이러한 흐름을 조금이라도 간파하고 입찰 전 은행에 한 번 더 문의했더라면 어땠을까? 은행에서 대출이 힘들 수도 있다는 말을 들었다면, 입찰을 그만두지 않았을까?

이러한 문제들이 켜켜이 쌓이면서 리스크 관리 프로세스의 가장 중요한 네 번째 프로세스인 '의사결정' 단계에서도 나는 실패할 수밖에 없었다.

의사결정이란 현재 내가 가진 자기자본금과 활용 가능한 레버리지, 매수 단계부터 매도 단계까지 완전하게 검토된 사업계획을 면밀하게 분석한 뒤 최종적으로 투자(사업)할지, 아니면 포기할지를 결정하는 단계를 말한다.

그런데 필자 같은 경우 대출이 거절되는 상황에서 의사결정을 위한 충분한 시간이 사라져버리는 바람에 마음이 급해질 수밖에 없었다. 충분한 의사결정 과정을 거치지 않은 채 단순히 내 집 마련을 하고 싶다는 마음에 8.9%라는 살인적인 금리를 받아들였던 것이다.

따라서 리스크 관리 프로세스의 가장 마지막인 '이익 실현'

이 이루어지는 것도 불가능했다. 이익은커녕 빚에 시달리며 '죽다가 살아난' 경험만이 필자를 피폐하게 만들었을 뿐이다.

이후 필자는 좋은 매물이 나와도 반드시 이 5가지 프로세스를 한 단계씩 철저하게 밟아나가며 부동산 투자를 결정하고 있다. 실패가 알려준 교훈이다.

지금도 반복되는 실수들

그렇다면 20년이 지난 지금은 당시의 필자처럼 바보 같은 실수를 하는 투자자들이 많이 줄어들었을까? 과거보다 훨씬 다양해진 매체를 통해 부동산 정보를 획득할 수 있고, 과거의 사례를 조금만 찾아봐도 부동산 투자에 있어 무엇을 주의해야 할지 자세히 파악할 수 있는 지금 말이다. 안타깝게도 역사가 반복되듯이 실수 또한 반복될 뿐이다.

모두가 알다시피 코로나19 사태가 전 세계를 휩쓸며 한 번도 경험해 보지 못한 투자시장이 열렸다. 급격히 쪼그라드는 경제에 유동성을 수혈한다는 목적으로 미국을 비롯해 전 세계 거의 모든 국가가 무차별적으로 돈을 찍어 살포하기 시작한 것이다. 당연히 시장에 급격히 풀린 돈은 동산, 부동산 할 것 없이 폭등을 일으키는 원인이 됐다.

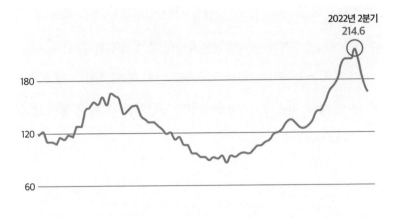

180

120

60

0

2004년 2006년 2008년 2010년 2012년 2014년 2016년 2018년 2020년 2022년

2022년 2분기
214.6

2004년~2022년 서울 지역 주택구입부담지수 변화 추이

　부동산 흐름을 읽는 지표 중에 주택구입부담지수가 있다. 이는 중위소득 가구가 표준 대출로 중간가격 주택을 구입할 때 대출 상환 부담을 나타내는 지수다. 3개월마다 한국주택금융공사에서 이 지수를 발표하는데, 서울시의 2022년 2분기 지수는 무려 214.6을 기록했다. 서울의 아파트를 비롯한 전국 부동산 가격의 기록적인 상승에 누군가는 폭등하는 시장에서 수익을 올리기 위해 부동산 투자에 뛰어들었고, 누군가는 지금이 아니면 앞으로 내 집 장만은 꿈도 못 꿀 거라는 두려움에 떨며 빚을 내어 투자에 뛰어들었다. 욕망과 두려움이 뒤섞여 그야말로 부동산이 아비규환이 된 것이다.

이처럼 시쳇말로 개나 소나 다 투자에 뛰어들던 당시, 필자는 오히려 사업을 멈췄다. 정확하게 말하면 사업에 뛰어들지 못했다. 미쳐버린 시장에 대한 두려움에 행동에 나서지 못했다.

왜였을까? 자기만의 투자 철학과 관점이 없으면 언젠가는 반드시 고꾸라질 뿐이라는 것을 필자는 과거 경험을 통해 잘 알고 있었기 때문이다. 그리고 이런 내 예측은 정확하게 맞아떨어졌다. 2022년부터 본격적으로 부동산 시장이 폭락을 시작했다.

이와 같은 수많은 투자자들의 고통은 앞에서 지적했던 프로세스의 오류에서 기인하고 있다. 지난 상황을 다시 되짚어보자. 그러면 모든 오류가 명확하게 보일 것이다.

■ 그들은 왜 결국 돈을 잃었을까

코로나19로 인해 유동성이 확대되며 동산, 부동산 할 것 없이 자산 가격이 급등하기 시작한 상황에서 많은 투자자들의 투자 심리가 흔들렸다. 결국 '지금 투자하지 않으면 바보', '남들은 다 돈 버는 시기에 나만 못 번다'는 두려움과 불안감에 '묻지마식' 투자에 스스로를 내몰기 시작했다. 자신만의 명확한 판단 기준 없이 그저 남들 다 하니까, 지금 하지 않으면 나만 뒤처지는 것 같다는 두려움에 영혼까지 탈탈 털어 자금을 끌어모아 투자에 뛰어들게 된 것이다. (상황 판단 오류)

팬데믹이 잦아들기 시작했다. 전 세계적인 급격한 유동성 증가로 인플레이션의 징후가 뚜렷해지기 시작했다. 그 결과 인플레이션을 억누르기 위해 정부가 기준 금리를 높일 것(대출 금리 상승)이 뻔한 수순이었다. 그럼에도 '부동산 구매=시세 차익=이익 실현'이라는 좁은 편견에서 좀처럼 헤어나지 못했다. 당연히 금리을 포함한 여러 요인에 의해 아파트 가격이 급격하게 하락할 수도 있다는 예상도 못했다. (추측 예상 오류)

많은 투자자들이 '어디가 오른다더라'는 소문만 믿고 부동산 투자를 결정했다. 친구와 지인들이 전하는 소문, 주관이 개입되었을 가능성이 높은 부동산 뉴스에만 귀 기울일 뿐 정작 스스로 해당 지역을 면밀히 관찰하지도 분석하지도 않았으며, 당연히 구매하고자 하는 부동산이 미래에 어떤 가치를 가질지에 대해서도 생각하지 못했다. (가치 판단 오류)

모든 단계에서 연이은 실수를 저질렀으니 이제 투자자들에게 남은 것은 엄청난 대출 이자일 뿐이며, 이것을 감당하기 위한 고통의 나날들뿐이다. (이익 실현 오류)

■ 부동산 투자의 관점이 바뀌어야 할 이유

과거의 필자를 비롯해 현재도 수많은 부동산 투자자들의 눈물을 쏟게 만든 원인을 단 한 문장으로 요약하면 다음과 같다.

'부동산 시장을 나를 중심으로 왜곡해서 읽은 것'

부동산 투자는 처음부터 끝까지 '리스크 관리'의 연속이라고 할 수 있다.

부동산 = 리스크 관리

나는 괜찮겠지, 라는 희망 회로와 무적의 논리에 대항해, 생선 가시 같은 작은 리스크에도 관심을 기울이고 하나씩 리스크를 무력화시키는 과정을 수행하는 것, 그것이 바로 부동산 투자다. 지뢰밭을 걷는 심정으로 확인과 분석과 예상과 계산을 끊임없이 반복하고, 매 순간순간 모든 것이 나의 편견과 왜곡에 사로잡힌 결과는 아닌지를 되물어야 하는 것이다.

내 마음대로 투자하면 알아서 시세 차익이 생기고, 알아서 돈이 불어날 수 있을까? 절대 불가능한 이야기다. 어떤 부동산 전문가도 해낼 수 없는 일이다.

따라서 우리는 가장 먼저 '나로부터의 탈출'을 감행해야 한다. 주관적인 시야에서 벗어나 '5가지의 프로세스'에 집중해야 하며, 그 모든 과정 중에서도 '리스크 제거'에 초점을 맞춰야 한다.

이제 부동산 투자의 관점은 이렇게 바뀌어야 한다.

부동산 = 시세 차익 → 부동산 = 리스크 관리

문제는 거시경제의 흐름과 정부의 정책 방향은 개인이 통제할 수 없다는 것이다. 아무리 리스크를 제거하려해도 완벽할 수 없다는 뜻이다. 결국 부동산 투자를 할 때는 나 자신을 거대한 파도에 올라탄 사람으로 인식해야 한다. 파도의 흐름에 얼마나 잘 올라타느냐에 따라 운명이 갈릴 수도 있음을 알아야 한다.

부동산의 가치를 결정하는 인간의 삶

부동산 투자를 하면 보면 부동산 시장이 움직이는 모습에 당황할 때가 참 많다. 필자 역시 마찬가지인데, 필자가 투자를 시작하며 당황했던 점 중에 하나가 같은 지역, 심지어 같은 장소에 있는 아파트라 하더라도 그 가격이 천차만별이라는 점이었다. 실제로 같은 단지의 아파트 101동과 102동조차 가격이 다르고, 심지어 같은 동이라고 하더라도 2층과 15층의 가격 차이가 존재한다. 내부 구조도 완벽하게 동일하고, 크기도 차이가 없음에도 불구하고 가격 차이가 나는 것이다. 아마도 대부분의 독자가 그게 뭐 당황할 만한 일이냐고 헛웃음을 지을지도 모르겠다.

"부동산 전문가라는 분이 그것도 모릅니까? 당연히 조망권에 따라 달라지는 거 아닌가요?", "조금 더 조용하고 출입이 편리하다면 역시 그것이 가격 차이의 원인이 아닐까요?", "남향이라면 당연히 더 비쌀 수 있겠죠?"

다 맞는 말이다. 조망권, 남향 등등 같은 물건도 여러 요인에 따라 가격은 달라진다. 하지만 독자 여러분은 내가 가졌던 궁금증을 이러한 몇 가지 대답만으로 간단히 해소해서는 안 된다.

이 문제는 '부동산의 가치를 결정하는 인간의 삶'이라는 측면을 설명해줄 매우 중요한 단서이기 때문이다.

▪ 가치, 그 주관적인 생각의 차이

우선 가격(price)과 가치(value)의 차이에서부터 알아보자. 일반적인 상식이라면 가격과 가치는 등가적으로 교환된다.

'일물일가(一物一價)의 법칙'을 들어본 적이 있는가? 이것은 하나의 효율적인 시장을 전제로 한다면, 모든 개별적인 상품은 하나의 고정적인 가격을 지닌다는 의미이다. 예를 들어 서울 동작구에서 A라는 과자를 구입해도 1,000원, 강원도 횡성군에서 A라는 과자를 구입해도 1,000원이어야 한다는 것이다.

학문적으로는 지극히 합리적인 법칙임에 틀림없다. 그러나 현실의 자본주의 시장에서 일물일가의 법칙은 불가능하다. 여러분은 오늘도 인터넷 쇼핑몰에서 필요한 물건을 구매하기 전

'최저가 검색'을 하고 있을 것이다. 공급자는 시장에 넘쳐나고 경쟁 상대보다 자신의 물건을 더 많이 팔기 위해 노력하기에 어쩔 수 없이 가격을 인하하고, 이런 경쟁으로 일물일가의 법칙은 자연스레 깨지고 마는 것이다. 이런 경쟁 때문에 소비자는 같은 물건이라도 제일 저렴한 제품을 구매할 수 있다.

부동산도 일물일가의 법칙은 적용되지 않는다. 우선 완전히 같은 부동산은 존재하지 않으므로, '같은 물건(일물)이 다른 조건에서 거래될 때'라는 상황 전제가 성립하지 않을뿐더러 부동산 가격은 한 달만에 1~2억씩 급등하기도 떨어지기도 한다.

가격 변동의 이유는 간단하다. 부동산 가격은 늘 '가치'에 의해서 좌우되기 때문이다. 가치란 매우 유동적이라는 특성을 가지고 있으며, 천차만별로 형성된다.

부동산 이외에 가장 대표적인 제품을 꼽으라면 미술품이나 고급 위스키 등을 들 수 있을 것이다. 이들 제품은 처음부터 부여된 가격이 없거나, 희소성이 인정되는 경우 말 그대로 '부르는 게 값'이 된다. 경매에서 입찰이 시작되면 단 몇 초 만에도 2배, 3배씩 가격이 급등한다. 같은 미술품을 두고도 누군가는 '나는 100만 원을 내도 싼 가격'이라고 말하고, 누군가는 '나에게는 10만 원도 비싼 가격'이라고 생각하는 것이다. 즉, 주관적인 생각의 차이에서 가치의 차이가 형성되고, 이것이 겉으로 드러나는 가격으로 나타난다. 따라서 부동산에서의 가격과 가치는 다음과 같이 표현할 수 있다.

- **부동산 가격** : 부동산의 경제(교환)가치를 판정, 그 결과를 표시한 것
- **부동산 가치** : 자연과 생활방식의 영향 등 복잡한 과정을 거쳐 만들어지는 것

▪ 부동산 가치를 결정하는 인간의 심리

가격과 가치는 '자연적 특성'과 '인문적 특성'의 영향을 받는다. 자연적 특성은 비교적 쉽게 이해될 수 있다. 한강 조망, 공기가 좋은 곳, 혹은 교통이 편리한 곳 등을 자연적 특성이라고 말할 수 있다. 이러한 부분은 부동산에 조금이라도 관심이 있다면 쉽게 이해할 수 있다.

그러나 '인문적 특성'은 의아할 독자가 많을 것이다. 부동산학개론에서 말하는 '인문적 특성'의 정의는 "부동산을 대상으로 한 인간 활동의 결과로 인위적으로 발생한 특성"이다. 여기에 '인문적 특성'에서 확장된 개념으로 부동산과 인문학의 상관관계를 생각해보자.

부동산과 인문학은 거리가 멀어도 너무 먼 느낌이 들지도 모르겠다. 하지만 인문학적 특성은 앞으로도 이 책에서 매우 중

요하게 다뤄질 예정이기에 기초 개념을 반드시 머리에 넣어야만 한다. 인문학적 특성을 간단하게 정의하자면 다음과 같다.

부동산이 품고 있는 인문학적 특성
= 더 윤택한 삶을 위한 인간의 심리적 특성

몇 년 전부터 부동산 시장에서 '초품아'라는 용어가 자주 쓰이기 시작했다. 학부모라면 누구나 알고 있을 텐데, 초품아는 '초등학교를 품은 아파트 단지'의 줄임말이다. 학교가 가까워 자녀를 안전하게 통학시킬 수 있는 쾌적한 주거 환경을 뜻하는 것이다. '교육환경 보호에 관한 법률'에 의해 교육환경보호구역이 설정돼 유해시설이 들어설 여지가 줄어들기에 상대적으로 쾌적한 환경이 유지될 수 있는 점 또한 장점이다.

바로 이것이 부동산이 가진 '더 윤택한 삶'과 관련된 대표적인 인문학적 특성이라고 할 수 있다. 자녀를 키우는 부모라면 누구나 선호하는 요소가 부동산 가격 형성에 영향을 미치는 것이다.

어디 그뿐인가. 우리나라 학부모라면 모두가 꿈꾸는 강남 8학군과 대치동의 역사 역시 인문학적 특성의 대표적인 사례로 들여다볼 만하다. 8학군이라는 말 자체가 '교육에 대한 한국인의 열의와 윤택한 삶을 자녀에게 물려주고 싶은 마음'이 투영되어 있지 않던가! 대치동이 급부상한 것 또한 바로 이러한 욕구를 충족시켜줄 학원가가 형성되었기 때문임은 누구나 알고 있는 사실이다.

여기서 잠깐, 강남이 어떻게 탄생했는지 간략히 살펴보자. 강남은 원래 과수원과 뽕밭으로 이루어진 허허벌판이었다. 강북 억제 정책을 위해 강남 개발을 추진한 정부는 어떻게 하면 강북의 밀집된 인구를 강남으로 이동시킬 수 있을까 고민했는데, 그중 하나가 강북의 학교를 강남으로 이주시키는 것이었다. 이른바 8학군이 탄생한 것이다. 자연히 8학군 지역을 중심으로 학원가가 형성되기 시작했고, 그 중심에 대치동이 있는 것이다.

서울의 학원가 하면 강북(노원구)의 중계동, 강서(양천구)의 목동 또한 빼놓을 수 없는데, 두 지역의 특징을 살펴보면 공통점이 존재한다. 바로 대규모 택지개발의 모태가 되는 지역들이라는 점이다. 대규모 아파트 단지가 조성되면서 학교가 들어서고 학원이 생기며 학군이 지역을 상징하게 된 것이다. 이런 우리나라의 교육열은 민족성으로부터 출발한다. 신사임당과 한석봉의 예화에서 알 수 있듯이 자식을 위한 높은 교육열이 직간접적으로 부동산 가격에 영향을 미치는 것이다.

그러나 최근 대치동 상권이 여러 불편함으로 인해 인근 지역으로 상권이 이동하고 있는 모습을 관찰할 수 있다. 인근 아파트 단지들의 근린 환경이 재건축을 통해 개선되고 있는 반면,

학원가가 밀집된 대치동 지역은 하교 시간이 되면 전쟁터를 방불케 할 정도로 불편해지는 등 점점 윤택한 삶이 방해받고 있는 것이다. 게다가 학원이 입주해 있는 건축물들의 경과년수를 확인해 보면 재건축 시기가 도래했거나 넘긴 곳이 많다. 이런 여러 이유로 대치동 상권이 인근 지역으로 이동하고 있는 것이다. 이런 사례를 통하여 우리는 인간의 본질적인 삶의 태도가 부동산 가치의 변화를 이끈다는 것을 확인할 수 있다.

이처럼 교육열이 전통적인 부동산 가치 상승의 요인이라고 한다면, 최근 주목받고 있는 상승 요인도 있다. 전통적으로 부동산 투자와는 거리가 멀었던 동해안 지역, 특히 강원도 양양과 속초 지역에 개발붐이 급격하게 일어나며 부동산 가격이 급등한 것이다. '웬 양양과 속초?'라는 생각이 들 수도 있을 텐데, 어

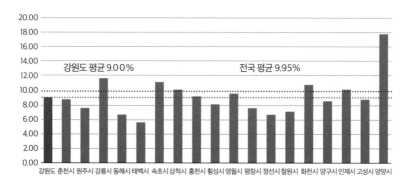

2021년 강원도 시·군별 개별공시지가 변동률

강원도 양양, 속초는 전국 평균보다 가격이 급등했다

떤 요인이 작용한 것일까? 일단 KTX가 개통되며 서울에서 편리하게 오갈 수 있다는 점이 큰 영향을 미친 것은 틀림없는 사실이다.

그러나 양양, 속초 개발붐에는 또 하나의 중요한 요소가 반영돼 있다. 바로 서울을 비롯한 내륙에서는 접하기 힘든 '레저 스포츠를 즐기면서 여유롭게 살고 싶다'는 욕구가 반영된 결과라 할 수 있다. '자연과 함께하면서 여유 있고 건강하게 사는 여유로운 삶'이라는 현대인들의 니즈가 양양과 속초의 가치를 급격하게 높인 것이다.

▪ 부동산 가격 등락에 일희일비할 필요없다

여러분은 '부동산 버블'에 대해 어떻게 생각하는가? 2006년 5월 한 신문에는 "소득 수준이나 전셋값 등을 감안할 때 강남 아파트값이 너무 부풀려져 있다"는 전문가의 발언과 함께 부동산 버블에 대한 경고성 기사가 실렸다.

참여정부 시절(2003년~2008년)을 돌아보면 강남, 서초, 송파, 목동, 평촌, 분당, 용인 7개 지역을 중심으로 아파트 가격이 엄청나게 급등했다. 당시 많은 전문가와 기자들은 이를 '버블'로 규정했다. 당연히 버블의 최종적인 운명은 '붕괴'일 수밖에 없기에 여기저기서 요란하게 경고음을 울렸고, 이러한 경고는 꽤 의미 있는 것처럼 보였다. 그리고 실제로 기사들이 나오고 약 2년 뒤부터 아파트 가격이 급락하기 시작했는데, 하필이면 2008년 닥친 금융위기가 이를 부채질했다. 당시의 부동산 가격에 대한 부정적인 전망은 마치 '일본의 잃어버린 20년'을 연상시킬 정도로 어둡기만 했다.

그러나 결과는 어땠는가? 당시 아파트 가격은 다시 힘을 내 올라가기 시작했다. 다음 그래프는 한국부동산원이 발표한 2003년부터 2023년까지의 서울 및 수도권 주요 지역 아파트 매매가격지수 통계이다.

2003년~2023년 수도권 주요 지역 아파트 매매지수

아파트 매매가는 상승과 조정(하락)을 반복하고 있다

몇 년간의 하락세를 보면 실제로 버블 붕괴처럼 보이지만, 언제 그랬냐는 듯이 아파트 가격은 다시 상승하고 있는 것을 볼 수 있다. '버블'이라고 지목된 시기보다 훨씬 더 많이 오른 것이다. 즉, 자료 해석을 위한 기간 설정을 어떻게 하느냐에 따라서 해석 결과는 백팔십도 달라질 수 있다.

이것은 부동산의 입지나 가격도 중요하지만, 인간의 욕망과 심리를 더 중요하게 바라봐야 한다는 것을 명백히 보여준다.

토지와 부동산은 유한하다. 더 나은 삶, 풍족한 삶을 살고 싶어 하는 인간의 욕망과 그를 달성하기 위한 행동 양식은 현재라고 해서 과거와 크게 다르지 않을 것이다. 부동산도 그 대상에서 벗어나진 않는다.

비교적 짧은 기간을 설정해 부동산 가격 변화를 관찰한다면, 그 등락은 마치 거대한 파도처럼 느껴질 수 있다. 하지만 시간의 흐름에 따른 화폐가치의 하락과 인플레이션, 한정된 자원(부동산)의 소유와 점유를 통해 더 윤택한 삶을 향유하길 원하는 인간의 근본적인 욕망이 사라지지 않는 한, 순간의 가격 등락은 어쩌면 작은 물결에 지나지 않을지도 모른다.

CHAPTER

②

천 개의 페르소나를 가진 부동산
부동산 뉴스가 불러일으키는 두 가지 효과
부동산 투자의 4가지 관점
[더 알아보기] 부동산은 정찰제가 아니다: 부동산 가격을 결정하는 주요 요인

낡은 부동산 승자이론에서 벗어나라

천 개의
페르소나를 가진 부동산

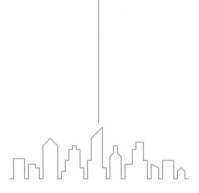

우리는 앞 장에서 '보다 윤택한 삶을 위한 사람들의 욕망'이 부동산의 가치에 얼마나 큰 영향을 끼치는지 알아보았다.

많은 독자 분들이 부동산에 인문학적 특성이 있고, 이를 공부해야 한다는 사실 자체를 매우 새롭게 느낄 텐데, 사실 부동산은 인문학적 특성만이 아니라 보다 다양한 속성들을 숨기고 있다. 흡사 '천 개의 페르소나(persona)를 가졌다'고 해도 무방할 정도로 많은 얼굴을 가지고 있는 것이다.

따라서 겉으로 드러난 현상만으로 부동산의 가치를 판단한다면 판단 착오로 돌이킬 수 없는 재산상의 손해를 볼 가능성이 높다. 앞에서 필자는 부동산을 '친구'라고 표현했지만, 정확히 말하면 부동산은 단순히 친구라기보다 너무나 큰 위험성을 가지고 있는 '위험한 친구'인 것이다.

그럼에도 불구하고 많은 분들이 부동산을 너무 만만하게 본다. 도대체 무엇이 부동산에 대한 우리의 눈을 가리는 것일까? 그리고 어떻게 하면 가려졌던 눈을 뜨고 숨겨진 부동산의 가치를 제대로 바라볼 수 있을까? 이 장에서는 이에 대한 이야기를 다뤄보고자 한다.

부동산 뉴스가 불러일으키는 두 가지 효과

페르소나란 고대 그리스의 연극에서 배우들이 쓰던 '가면'을 말한다. 문제는 이 가면이 본래의 본성을 가리고 전혀 다른 이미지를 발산한다는 점이다. 부동산도 마찬가지다. 겉으로 드러난 모습에만 천착한다면, 의사결정에서 결정적인 착오에 빠지게 될 가능성이 높다.

여러분은 부동산에 대한 정보를 어떻게 얻는가? 매일 공인중개사무소로 출근해 이런저런 정보를 습득하고 있는가? 주위에 부동산 관계자가 있어 술 한 잔, 커피 한잔하며 관련 정보를 얻고 있는가? 물론 이런 분들도 없지는 않을 것이다.

그러나 실제 대부분 평범한 사람들은 '뉴스'를 통해 부동산에 대한 정보를 접하고 있다. 포털사이트에 들어가 부동산에 관련한 뉴스를 보면 아마 대부분 이런 헤드라인을 볼 수 있을 것이다.

> "정부는 폭등 아니라지만... 서울 외각 집값도 20% 껑충"

> "모호한 기준"... 일시적 2주택자 비과세 '혼란'

> 옆동네 집값만 올랐는데... 뭉텅이 규제에 분노

> 8억하던 아파트 4억 됐다... 중개업소도 줄폐업 '인천의 눈물'

어떤 느낌이 드는가? 폭등, 껑충, 혼란, 규제, 줄폐업, 눈물, 반발, 분노, 괴리···. 단어만 봐도 머리가 어질어질한데, 이러한 뉴스들은 크게 2가지 효과를 불러일으킨다. 하나는 우리의 시각을 부동산의 '가격'에만 집중하게 만든다는 점이며, 다른 하나는 심리적으로 불안과 초조감을 불러일으킨다는 점이다.

그 결과 가격이 올랐다는 기사만 봐도 "어우, 이거 어떻게 하지? 내 집 장만의 꿈은 점점 멀어지는구나!"라는 한탄이 절로 나온다. 반대로 가격이 내렸다는 기사를 보면 "큰일이네. 이러다가는 내가 산 아파트 본전도 못 뽑겠네!"라는 걱정에 밤잠을 설친다. 심지어 가격 변동이 없어도 마찬가지다. "이거 뭐야?

빨리 올라야(혹은 내려야) 나에게 이익인데!" 하고 말이다.

이처럼 '부동산 가격 등락'에 우리의 마음은 사정없이 요동친다. 그러나 필자의 개인적인 경험과 의견일 수도 있지만, 관련 기사 중에서 가격 등락의 원인에 대해 제대로 분석한 것을 본 기억이 거의 없다. 그럼에도 우리는 여전히 '가격' 그 자체에 초점을 맞추고 부동산을 바라보기 바쁘다.

▪ 부동산의 진면목을 제대로 알지 못하면

부동산이 가진 페르소나 뒤의 진면목을 제대로 알아보지 못해 큰 피해를 당한 사례를 알아보자.

A씨는 몇 년 뒤의 은퇴를 앞두고 행복한 귀촌 생활을 꿈꾸며 전원주택을 지을 땅을 알아보고 있었다. 그러던 어느 날 평소 알고 지내던 사람으로부터 멋들어진 고급주택 단지 옆의 대지가 경매로 나왔다는 사실을 듣게 됐다. 발품을 팔아 찾아간 A씨는 대지를 본 순간 완전히 매료되고 말았다.

"산중에 홀로 떨어진 것도 아니고 주변에 고급주택이 있으니 전기, 수도, 인터넷 같은 문제도 이미 해결된 거나 마찬가지잖아!"

A씨의 눈앞에 멋들어진 집이 그려졌다. 그러나 마음에 걸리는 게 있었다. 경매에 대해서 잘은 모르지만 3차까지 유찰된 것

이다. 유찰된 사유가 궁금해진 A씨가 지인을 통하여 필자에게 연락을 했다. 경매사건을 확인한 결과, 이 대지는 건축물이 없는 토지로, 토지만 경매가 진행 중이었다. A씨가 입찰하려고 한 토지는 토지이용계획상 '비오톱(biotope)1등급'에 저촉되어 있었다. A씨가 입찰을 하려고 했던 목적은 도심속의 전원 생활을 영위하기 위한 것인데 이 대상지는 건축허가 받는 것이 불가능한 것으로 판단되어 그 이유를 설명해 주었고, 건축사와 세밀하게 상담해 볼 것을 권유하였다.

비오톱이라는 용어는 그리스어 비오스(bios)와 토포스(topos)의 결합으로 이루어진 용어로, 생명과 땅 또는 영역을 의미한다. 특정한 지역에서 특정한 동물과 식물이 함께 공존하는 환경을 나타내는데 사용되는 이 용어는 환경과 생태계 보전을 강조하며, 도시개발과 자연보전의 균형을 유지하기 위해 도입되었다. A씨가 경매에 참여한 대지도 동·식물이 생활공동체를 이루고 있는 생물 서식지라서 도시계획조례에 따라 절대적으로 보전해야 하는 지역이었던 것이다. 대상지의 토지이용계획을 열람해 보니 '비오톱1등급(2021-09-30)(저촉), 국토의 계획 및 이용에 관한 법률 제56조 행위허가를 요함'이라고 공시 되어있었다. 이런 내용이 기재되어 있으면, 세밀한 주의를 요한다.

너무 극단적인 사례라고 생각하는가? 그러나 행위제한에 저촉되는 토지로 인해 매도인과 매수인간에 분쟁이 종종 발생된다. 이런 저런 사유로 분쟁 등에 휘말리면 그 손해는 당사자에게 귀속된다는 것을 꼭 인지하기 바란다. 좀 더 나아가 확인이 불가한 개발계획을 이야기한다면, 경계부터 해야 할 것이다. 부동산 매입계획이 있다면, 토지이용계획에 공시되어 있는 내용을 확인, 숙지해야 한다.

■ 절대적이고 압도적인 부동산의 두 가지 진실

다양한 부동산 뉴스에 매몰될 수밖에 없는 현실과 자세히 공부하지 않으면 절대로 알 수 없는 행위 제한이라는 진실. 부동산의 페르소나와 관련된 이 2가지 사례는 우리에게 절대적이고 압도적인 두 가지 진실을 알려준다.

1. 절대로 부동산 가격에 매몰되지 말아야 한다.
2. 가면에 가려진 부동산의 실제 모습을 반드시 확인해야 한다.

후자의 경우는 사실 그리 어려운 일은 아니다. 가면 뒤에 가려진 부동산의 모습을 확인하는 체계적인 방법이 이미 다양하게 존재하며, 이 책을 통해서 충분히 설명할 예정이다.

문제는 '가격에 매몰되지 말라'는 전자의 경우다. 어떻게 보면 참 듣기 좋은 말이다. 가격에 매몰되지 않고 투자를 결정할 수 있다면 그보다 좋은 일은 없을 테니까 말이다. 그런데 문제는 가격 등락의 원인 자체가 완벽하게 안개에 가려질 때가 많다는 것이다.

2019년 후반부터 2021년 사이의 대한민국에 몰아닥친 부동산 광풍을 떠올려보자. 모두가 또렷이 기억할 텐데 당시는 과거 사례를 찾아보기 힘들 정도로 부동산 가격이 천정부지로 치솟았다. 여유자금이 있든 없든 수많은 이들이 영끌해서 아파트 구매 행렬에 나섰다. 하지만 필자는 사업에서 한 발 물러섰다.

'도대체 왜 이렇게 가격이 오르는 거야?'

아무리 생각해도 가격 상승의 원인을 파악하기가 힘들었기 때문이다. 물론 많은 전문가들이 급등의 원인에 대해 오랫동안 유지된 초저금리, 코로나19로 풍부해진 유동성, 최근 10년 동안 수요 대비 부족한 주택 공급량 등 자신만의 견해를 다양하게 쏟아냈다.

그럴듯한 설명이었지만 부동산 분야에 20년을 종사한 필자에게는 충분치 못한 설명일 뿐이었다. 이런 상태야말로 '가격에 매몰되기 딱 좋은 시기'라고 할 수 있는데, 신문과 방송에서 연일 관련 뉴스가 쏟아지니 마음이 들썩이지 않는 게 오히려 이상한 일이다. 하지만 오랜 실무 경험으로 나름의 통찰력을 가지고 있던 필자는 마음속으로 수없이 되뇌었다.

'원인을 알 수 없다면, 절대 의사결정을 해서는 안 된다.'

실제로 필자는 당시 사업을 진행하지 않았다. 원인을 알 수 없는 상태에서 가격이 급등하는 시장에 뛰어들기에는 지나치게 위험하다는 생각이 들었기 때문이다.

만약 급등하는 가격만 보고 사업을 시작했다면 어땠을까? 무리를 해서라도 FI(Financial Investor, 재무적 투자자)들에게 투자를 받아 개발사업을 감행했다면 어땠을까? 현재 진행 중인 가격 하락과 고금리 사태에 어쩌면 '천 원짜리 한 장 없던 시절'로 되돌아갔을지도 모를 일이다.

**'언제 투자할까?'도 중요하지만
'언제 투자하지 않을 것인가?'도 중요하다.**

눈앞의 현상에 흔들리는 마음을 다잡아야 한다. 자신이 알지 못하는 상황이 펼쳐진다면 섣불리 동요하지 않고 관망하는 자세가 필요하다. 혹은 아무리 공부해도 모르겠다면 아예 완전히 마음을 내려놓고 쉬는 여유를 가질 필요도 있다.

바로 이것이 '천 개의 페르소나를 가진 부동산'의 진짜 얼굴을 찾아내 부동산에 배신당하지 않고, 오히려 부동산을 나에게 행복을 주는 친구로 만들어내는 투자의 지혜이자 묘미이다.

부동산 투자의 4가지 관점

부동산의 진짜 얼굴은 가면에 가려진 경우가 많지만, 가면을 벗기기가 그리 어려운 일은 아니다. 몇 가지의 도구를 하나씩 대입해 보면 어느 순간 스스로 진짜 얼굴을 드러내기 때문이다.

학술적인 용어로 이를 '부동산의 복합적 개념'이라고 부르는데, 실제 현장에서 부동산의 실체를 드러내기 위해 고군분투 중인 열혈 투자자에게는 '4가지 종합 무기 세트'라고 부르는 편이 나을 것 같다. 여러분도 이제 부동산 매물을 보는 순간 이 무기들이 머릿속에서 즉시 떠오르고 차근차근 적용하며 분석할 수 있어야 한다.

▪ 부동산을 바라보는 4가지 관점

부동산 투자에 있어 '나로부터의 탈출'이 무엇보다 중요하다고 언급한 바 있다. 내가 가진 주관적인 견해, 관점, 편견에서 벗어나 객관성을 확보해야 한다는 의미다.

문제는 인간은 망각의 존재라는 것이다. '객관성을 유지해야 해!'라고 아무리 다짐해도 어느 순간 다시 자신의 생각에 갇혀 실수를 반복한다. 결국 이를 극복하는 방법은 단 하나다. 명확한 기준을 정해놓고, 그것을 뼛속 깊이 각인해 놓는 것이다. 망각할 때마다 다시 꺼내들고 자신을 환기하는 것이다.

이처럼 부동산의 실체를 드러내게 하는 나만의 툴(tool)이자 투자 전쟁에서 우위를 점하게 해주는 '4가지 종합 무기 세트'는 다음과 같다.

1) 경제적 관점
2) 기술적 관점
3) 법률적 관점
4) 사회·문화적 관점

학창 시절 외우기 힘든 내용을 앞 글자만 조합해 기억하기 쉽게 만들었듯이 위의 네 가지 관점에도 이를 적용하면 '경-기-법-사'가 된다. '경기도에 사는 (부동산에 대해 잘 아는) 법사(설법하는 승려)' 정도로 이해하면 외우기 쉬울 것이다.

앞으로 부동산 물건을 접하면, 여러분이 가장 먼저 해야 할 것이 바로 이 4가지 관점으로 분석하고, 거기에 숨어 있는 리스크를 해소하는 것이다. 해소할 수 없는 리스크라면 당연히 포기하는 자세를 가져야 한다.

■ 경제적 관점

첫 번째는 경제적 관점이다. 이는 비교적 쉽다. 더하기 빼기만 할 수 있다면 누구나 할 수 있다. 현재 물건의 가격이 얼마인지, 얼마를 투자하고, 얼마의 이익을 거둘 수 있는지, 그리고 내가 가용할 수 있는 현금과 대출은 얼마인지 등 재무적인 관점으로 부동산을 파악하는 방법을 말한다.

여기에서 중요한 게 '세후현금흐름(ATCF, After Tax Cash Flow)'에 대한 명확한 개념이다. 이것은 세금을 납부하고 최종적으로 '내 주머니'에 들어오는 돈을 말한다. 아무리 수억 원의 돈을 번다고 해도 세금을 빼면 이익이 확 줄어들 수도 있고 심지어 마이너스가 될 수도 있기 때문이다.

경제적 관점에서 또 하나 중요한 것이 '흑자 부도'의 가능성에 대한 예상이다. 예를 들어 당장 내일 100만 원의 카드 값을 갚아야 하는데, 누군가에게 빌려준 200만 원을 받지 못해 카드 값을 내지 못하면 어떻게 되겠는가? 이를 '유동성 위기'라고도 표현하는데, 이런 황당한 경우가 발생하지 않기 위해서는 투자의 모든 과정에서 현금 흐름을 반드시 꼼꼼히 파악해야만 한다.

마지막으로 경제적 관점에서 제일 중요한 것을 꼽으라면 단연 '금리 민감도 시나리오'를 짜는 일이다.

2022년 하반기의 경험을 통해 많은 투자자들이 금리가 얼마나 큰 고통을 줄 수 있는지 경험했으리라 본다. 그러나 부동산 투자를 제대로 하려면 단지 '금리가 높다, 낮다'의 관점을 뛰어넘어 금리의 단계적 설정과 그에 따라 어디까지 감당할 여력이 있는지를 알아야 한다. 필자는 투자를 고려할 때 다음과 같이 금리의 변동에 따라 미치는 영향을 일목요연하게 따져본다.

- 금리가 2%일 경우
- 금리가 4%일 경우
- 금리가 6%일 경우
- 금리가 6.4%일 경우 : 마지노선

금리의 변동성을 개인 투자자가 100% 정확하게 예측하는 것은 불가능하기에 '내가 어느 정도까지 감당이 가능한가?'라는 시나리오를 단계별로 정한 뒤 '내가 감당할 수 있는 마지노선'을 정하는 것이다. 예를 들어 최종적으로 부동산 투자를 결정할 때, '6.4%까지는 감당할 수 있겠구나'라는 판단이 선다면? 그때 비로소 의사결정을 하는 것이다.

▪ 법률적 관점

두 번째 무기는 법률적 관점이다. 이 부분은 매우 중요한 과정으로 때로는 투자자에게 치명상을 안겨줄 수도 있고, 때로는 정반대로 아주 행복한 결과를 안겨줄 수도 있다.

부동산과 관련된 행위 일체는 법률에 근거한 '법률행위'이다. 단순히 마트에 가서 적당한 물건을 고르는 일이 아니라는 뜻이다. 따라서 우리는 물건의 이면에 존재하는 수많은 법률 행위를 반드시 먼저 파악하고 계약해야 한다.

예를 들어 등기사항전부증명서에 '가압류' 등기가 경료되어 있는 부동산이라면 어떨까? 대체로 이런 물건들은 업계에서 '하자 있는 물건'으로 불리며 거래를 꺼리는 경우가 흔하다.

오래전 일이지만 필자가 '가압류'가 된 아파트를 계약한 친구의 일을 해결한 적이 있다. 해결책은 가압류 채권자와 합의 후, 잔금납입과 동시에 소유권이전등기서류와 부동산가압류신청취하 및 집행해제신청서를 동시에 관할법원과 등기소에 접수하여 소유권을 확보하였다. 친구가 '가압류'가 된 아파트를 계약한 이유는 시세대비 가격이 낮았기 때문이다.

'가압류'의 본질은 가압류 목적물에 대한 처분행위를 금지하는 것이기는 하나, 가압류권자(채권자)의 목적만 성취시켜 준다면 다수의 가압류는 해결 된다. 이런 하자 있는 물건은 신중하게 분석해야 하며, 법률전문가(부동산 전문변호사)의 도움을 받아 진행 할 것을 권유한다. 만약 눈에 보이는 하자인 '가압류'된 사실을 알지 못한 채 계약을 진행하였다면, 생각하지 못한 우발적 상황에 처할 수 있음을 항상 상기해야 한다. 부동산 거래는 법률행위임을 꼭 명심하기 바란다. 앞서 살펴봤던 '비오톱'의 경우도 마찬가지다. 이처럼 공적장부를 통해 겉으로 드러나 있으나 스스로 해석할 수 없는 법률에 의한 행위 제한이 걸려 있다면 매수 뒤에 큰 문제가 발생하게 된다. 반드시 법률적 관점에서 검토가 필요하다. 중요한 것은 법률적 관점이 문제를 발견하기 위해서만 진행하는 과정은 아니라는 점이다. 오히려 반대로 '겉으로 드러나지 않는 행운'을 잡아내기 위해서도 반드시 법률적 관점이 필요하다.

다음의 사진은 실제로 내가 낡은 빨간 벽돌집을 매입 후 재건축(신축)한 사례인데, 법률적 관점에서 겉으로 보이지 않던 이익을 얻게 되는 경우를 보여준다. 재건축(신축)한 오른쪽 건물의 건축물대장상 1층은 어디일까?

법률적 관점으로 검토하면 얼마든지 수익을 낼 가능성을 찾을 수 있다

직관적으로만 보면 당연히 주차장과 근린생활시설로 이루어진 지층 부분이 1층이라고 생각할 수 있다. 하지만 과연 그럴까? 정답은 불켜진 창문이 있는 곳이 1층이다.

어떻게 된 것일까? 앞의 사진을 자세히 다시 보면 알겠지만, 기존의 빨간 벽돌집은 경사가 가파른 대지에 세워져 있었다. 이를 재건축하면서 대지의 레벨 차이를 활용하여 없던 공간을 새롭게 만들어낸 것이다. 여기서 중요한 것은 법률적으로 현재 주차장과 근린생활시설이 된 지층은 지하층에 해당되기에 용적률 산출용 연면적에 포함이 되지 않는 공간이라는 점이다.

이런 새로운 기회는 '하자 있는 물건'에도 적용될 수 있다. 일반적으로 가압류 등이 걸려 있는 부동산이라면 투자를 꺼리게 되지만, 면밀한 법률적 검토로 상황을 완전히 바꾸는 경우도 많기 때문이다.

일반적으로 하자 있는 건물의 가격은 시장에서 제대로 평가받지 못하고 낮은 가격에 형성될 가능성이 매우 크다. 그러나 만약 투자자가 가압류를 풀 수 있는 능력이 있다면 이야기는 완전히 달라지는 것이다.

이를 '해방공탁'이라고 하는데, 가압류의 집행 정지 또는 집행된 가압류를 취소하기 위해 가압류 명령에서 정한 금액을 채무자가 공탁해 해제하는 것을 말한다. 이렇게 되면 리스크가 완전히 배제되고 생각지도 못한 큰 행운을 얻을 수 있다.

이처럼 법률적 관점을 철저하게 검토한다는 것은 리스크에서 자유로워질 뿐만 아니라, 예상치도 못했던 새로운 기회를 얻게 되는 계기가 되기도 한다.

▪ 기술적 관점

다음으로 세 번째 관점인 기술적 관점에 대해 살펴보자.

부동산학에서는 자연, 공간, 위치, 환경 등을 기술적 개념으로 정의하고 있다. 즉 기술적 관점은 인간의 눈에 보이는 부동산의 물리적 측면을 바라보는 것을 뜻한다. 실제로 도심과 비도심의 위치, 환경, 자연, 공간에 따라 인간의 눈에 부동산 물건은 제각각 다르게 비치게 된다. 유형적 형태가 다르기 때문이다.

부동산 학문과 실무에서 동일하게 강조하는 활동이 있다. 누구나 한 번쯤 들어본 '임장 활동'이 바로 그것인데, 필자 역시 '현장에 답이 있다'는 생각으로 항상 현장 확인을 강조한다.

임장 활동은 현장에 직접 가보는 부동산 활동을 말한다. 어떠한 부동산을 효율적으로 사용하거나, 분석하기 위해서는 직접 대상 부동산 혹은 그 인근지역이나 유사지역에 나가서 조사와 확인을 해야 한다. 부동산은 지역성과 부동성이라는 특성이 있어 책상에서 문서만으로 부동산의 가치를 확인하거나 분석할 수 없기 때문이다.

이는 부동산의 가치가 부동산이 위치한 공간, 환경, 자연 등에 따라 다르게 형성되기 때문이다. 즉 부동산의 내·외형적 가치를 찾는 분별력이 기술적 관점인 것이다.

특히 현대의 부동산은 트렌드의 변화에 따라 다차원적 공간으로 변화되고 있다. 다차원적 공간이란 하나의 공간이 복합적 공간으로 이용된다는 뜻으로, 최근 각광받고 있는 공유오피스, 코리빙의 공유공간을 예로 들 수 있다.

이렇듯 우리는 단순히 건물의 내·외부 하자를 찾는 것을 넘어 트렌드와 도시계획, 이들이 반영된 공간의 진화에 대해 이해할 수 있어야 한다. 그리고 이 같은 개념은 산업의 발달, 가구수의 증가, 생활환경의 변화, 즉 시대적 흐름의 변화로 인해 점차 확대될 것이다. 공간이 가지는 특성을 정확히 이해할 때, 남들과 다른 시각을 가지고 감각적 투자(사업)을 할 수 있게 된다.

▪ 사회·문화적 관점

마지막은 사회·문화적 관점이다. 부동산을 사회·문화적 관점으로 파악해야 하는 이유는 인간의 활동에 따라 부동산에 고유의 특성이 발생하기 때문이다.

인간의 삶이 가진 가장 큰 특징 중의 하나는 '끊임없이 변화한다'는 것이다. 시대에 따라 사람들이 원하는 것이 다르고, 가고 싶은 장소가 다르고, 행복의 기준도 조금씩 달라진다. 그리고 이러한 삶의 변화가 특정 문화를 형성하게 되고, 이것이 부동산과 매우 긴밀한 연관을 맺게 된다.

예를 들어보자. 경기도 가평에는 '기억의 사원'이라는 펜션이 있다. 건축 기간만 무려 5년이 걸린 기억의 사원은 건축대상까지 받을 정도로 수려한 모습을 자랑한다. 그러나 이곳에 가면 펜션 하나만 덩그러니 있을 뿐 주변에 아무것도 없다. 이곳에서 숙식을 하려면 먹을거리 일체를 미리 구입해야 한다. 접근성도 떨어져 눈이라도 많이 오면 완전히 고립되는 지역이다. 한마디로 '오지'라고 해도 과언이 아니다. 그런데 이렇게 불편한 지역임에도 불구하고 예약은 언제나 꽉 차 있다.

이런 상황을 가정해보자. 만약 기억의 사원이 1980년대에 지어졌다면 어땠을까? 과연 당시에도 사람들이 이곳을 즐겨 찾았을까? 고도 발전의 시기 도시의 화려함이 위용을 뽐내고 있을 때 밤이 되면 주변은 암흑으로 변하는 이곳에 사람들이 쉬기 위해서 찾았을까? 아마도 그렇지 않을 것이다.

그런데 왜 2020년대인 지금은 오랜 대기 기간에도 불구하고 예약이 밀릴까? 바로 사람들이 원하는 것, 가고 싶은 장소, 행복의 기준이 달라졌기 때문이다. 사람들은 도시 생활에 지쳐버렸다. 각박한 경쟁에 힘들어졌다. 그래서 주말이면 어떻게든 도시를 떠나 자연으로 향하고 싶어졌다. 바로 이러한 사회적 변화, 새로운 문화가 많은 사람들을 기억의 사원으로 발걸음하게 만든 것이다. 한 지역이 '인간 활동의 결과'로 인해 그 특성이 변화됐고, 부동산의 가치에 변화를 가져온 것이다.

한 가지 사례를 더 들어보자. 일명 '○○○길'의 시초를 말하라면 누구나 신사동 '가로수길'을 말할 것이다. 현재의 신사동 가로수길은 과거와는 비교할 수 없을 정도로 사람들이 몰리며 번화한 지역이 됐는데, 그 이유는 무엇일까?

가로수길은 가난한 예술인들이 집중적으로 이 지역에 둥지를 틀면서 형성됐다. 예술인들의 입주와 함께 그들을 중심으로 일련의 '문화'가 지역에 뿌리를 내렸고, 그 소식을 들은 젊은이들이 독특하고 다양한 문화를 향유하기 위해 찾으며 이들을 대상으로 카페와 음식점들이 들어서기 시작한 것이다. 과거에는 각광받지 못하던 지역이 '예술과 문화'라는 인간의 활동에 의해 새로운 특성을 갖추며 가치가 만들어지게 된 것이다. 그리고 이러한 새로운 가치들은 사람과 부동산의 의존관계를 만들어내면서 가격의 상승을 이루어냈다.

정리하면, 우리는 인간이 만들어내는 사회적 흐름, 문화적 변화가 부동산에 어떤 영향을 끼치는지 반드시 확인해야 한다.

만약 특정 지역의 사회문화적 변화를 민감하게 캐치할 수 있다면, 더 빠르게 투자해 수익률을 높일 수 있게 된다. 물론 반대의 경우도 분명하게 존재한다. 지금은 상권이 충분히 형성되어 있고 유동 인구도 괜찮아 투자를 결심했는데, 투자 이후 점점 지역이 쇠락하는 징후를 보이는 경우도 심심찮게 있다. 이런 경우는 대부분 사회문화적 관점에서 해당 지역의 미래를 제대로 파악하지 못한 결과물이다.

이런 점에서 사회문화적 관점은 부동산의 미래가치를 판별하고, 그 변화에 따라 부동산의 가치와 가격을 밝혀내는 아주 중요한 계기가 될 수 있다.

▪ 부동산 투자의 기본

이제까지 우리는 '경-기-법-사'라는 4가지 방법에 의해 부동산의 실체를 밝혀내는 기준을 제시했다.

마지막으로 '이 무기를 사용하는 궁극적인 목표는 무엇인가?'를 다시금 확인할 필요가 있는데, 다음의 '부동산 투자 프로세스'를 기억할 것이다.

- 현재의 상황 판단
- 가치 판단
- 추측과 예상
- 의사결정
- 이익 실현

우리는 이러한 과정을 통해 눈에 보이지 않는 리스크를 제거해야 한다고 앞서 강조한 바 있다.

'경-기-법-사'의 중요성은 바로 이 리스크 관리 프로세스와 결합할 때 진정한 힘을 발휘한다. 리스크를 제거하기 위해서는 리스크의 실체를 알아야 하는데, 경제적·기술적·법률적·사회문화적 관점으로 부동산을 분석하는 자체가 리스크를 제거하거나 새로운 기회를 발견할 수 있는 훌륭한 도구가 될 수 있기 때문이다.

따라서 '경-기-법-사'의 명확한 4가지 무기를 가지고 부동산의 리스크 관리 5가지 프로세스를 면밀하게 짚어갈 수만 있다면, 최소한 '부동산 투자자로서의 기본'은 갖출 수 있다고 할 것이다.

부동산은
정찰제가 아니다

- 부동산 가격 결정의 주요 요인

우리가 접하는 대부분의 소비재 가격은 생산 원가, 대체재의 가격, 경쟁이나 수요 등 시장 상황 등을 고려해 기업이 결정하는 경우가 많다. 가격 결정은 마케팅믹스의 4P(product, price, place, promotion) 중 하나로 경영에 있어서는 기본이고 필수적인 사항이다.

하지만 부동산 시장은 분양의 경우를 제외하면 대부분의 거래 가격이 매도자와 매수자간 협의를 통해 결정된다. 더구나 부동산 가격을 결정하는 요인은 매우 복잡하다. 단순히 콘크리트가 얼마나 들어가는지, 사용된 철근의 양이 어느 정도인지로 가격이 결정되지는 않기 때문이다.

지금부터는 부동산 가격을 결정하는 요인들을 하나씩 살펴볼 것이다. 요인들과 가격의 상관관계를 정확하게 정의하기 힘들고 다소 광범위한 면이 있기는 하지만, 가격 결정 요인들을 반드시 한번은 짚고 가야 할 필요가 있다. 그래야 부동산 가격을 보는 우리의 눈을 보다 현실적이면서도 구체적으로 변화시킬 수 있기 때문이다.

부동산의 가격 형성 요인을 큰 단위에서부터 파악해보자. 일단은 크게 3가지로 나눌 수 있다.

- 일반 요인
- 지역 요인
- 개별 요인

일반 요인은 말 그대로 가격을 형성하는 외부적이면서도 전반적인 요인을 의미한다. 지역 요인은 지역의 특성이 미치는 요인이며, 개별 요인은 가격을 형성하는 구체적이고 직접적인 요인이라고 할 수 있다.

일단 전체적인 3가지 분류법을 머리에 넣은 뒤, 보다 자세한 내용을 알아보자. 다소 교과서적으로 보일 수도 있지만, 무엇하나 소홀히 할 수 없는 요인들이기에 반드시 전체적인 그림을 머리에 넣어둘 필요가 있다.

• **일반 요인**

① **자연 요소** : 지리적 위치 관계, 지질, 지반, 천, 강, 산, 호수, 강우, 온도 등 기상 상태

② **사회 요소** : 도시 형성 및 기반 시설, 인구밀도 추이, 가족 구성 및 분리, 교육 및 복지, 정보화 진전 상태

③ **경제 요소** : 산업구조의 변화&경제발전 수준, 재정과 금융의 상태, 지역사회의 경제기반, 금융 이용 가능성&비용, 재고 부동산&공실률, 건설비용, 주민 수입의 수준, 세 부담의 상태, 세계 경제 상황

④ **행정 요소** : 토지이용계획&도시계획 및 규제, 토지정책 및 주택정책, 부동산 가격정책(가격, 임대료 규제 및 통제), 세제정책, 거래규제&허가

• **지역 요인** : 지역의 특성을 형성하고 지역의 가격수준을 형성. 바로 위의 일반 요인이 지역 차원으로 융합

• **개별 요인** : 대상 부동산의 구체적인 개별가격을 결정해 주는 요인이며, 지역 요인분석으로 가격수준을 파악한 후 개별 요인을 분석하므로 대상 부동산의 개별가격, 구체적인 가격을 추정할 수 있다.

앞의 내용 중에서 중요한 부분들을 하나씩 자세히 알아보자. 무엇보다 중요한 것은 개별 요인에 대한 분석이 순차적으로 진행되어야 한다는 점이다. 특정 부동산 물건에 관심이 가면 '일반 요인 분석 → 지역 요인 분석 → 개별 요인 분석'의 순으로 이루어져야 한다. 또한 이 말은 광범위한 일반 요인이 지역 요인에 의해 보다 구체화되고, 다시 개별 요인으로 상세하게 파악되어 가격 결정에 영향을 미친다는 의미를 지닌다. 한마디로 전체적인 관점에서 지역을 분석한 후에, 점차 범위를 좁혀가며 구체적인 특성에 기초해 전 방위적인 파악을 하는 전략이라고 할 수 있다.

일반 요인의 4가지 요소

지금부터는 일반 요인의 4가지 요소인 자연, 사회, 경제, 행정 요소에 대해 짚어보도록 하자.

▪ 자연 요소

눈에 보이는 자연적 환경이 가격 결정에 미치는 정도를 파악하는 일이다. 쉽게 말해 주변에 산과 강, 바다가 있는지, 그것이 주거나 투자에 어떤 영향을 미칠 수 있는지 현장을 조사하는 일이라 할 수 있다.

코로나19 이후 재택, 원격 근무가 일상화되며 다양한 기업들이 직원들에게 워케이션의 기회를 제공하는 등의 경우가 늘고 있다. 워케이션은 work(일)과 vacation(휴가)의 합성어로 근로자가 휴가지에서 일상적인 업무를 수행하며 관광과 휴양을 동시에 실시하는 것을 의미한다.

현재(2023년 8월 말) 오픈을 앞두고 있는 남해 소도읍의 사례로 자연 요소의 중요성을 살펴보자. 5년 정도 여러 시골 지역의 인프라를 개선하는 일을 해오던 ㈜헤르마이 이형민 대표는 우리 세대와 다음 세대가 시골 지역을 보다 더 많이 찾고 활용할 수 있는 방법이 무엇인지 고민했고, 시골에서 일상을 보내는 시간이 조금씩 길어지게 만들어보는 것부터 시작해야겠다고 마음먹었다고 한다. 이런 아이디어가 구체화되어 2021년에 팀이 결성되었고, 2022년 초 현재 프로젝트가 진행되고 있는 경상남도 남해군 지역을 선정했다고 한다.

시골과 자연은 누군가에겐 쉼으로, 누군가에겐 영감으로 다가온다. 소도읍은 마을 근처, 밭으로 둘러싸인 '전형적인 시골'의 한편에 숙소, 공유주방, 사무공간 등을 갖춘 공간을 기획했다. 이들은 특히 업무 환경의 자율성이 높은 디지털 노마드, 뉴워커라고 지칭되는 그룹에 집중했고, 그들이 시골에서 일과 휴

워케이션 트렌드에 발맞춰 경상남도 남해에 오픈한 소도읍 [출처:소도읍]

식에 몰입할 수 있는 공간과 서비스를 만들기 위해 노력했다고
한다.

　실제로 창의적 업무를 수행하는 데에 공간의 변화가 긍정적
인 영향을 미친다는 기업들의 평가도 있어, 국내외 다수의 기업
들이 워케이션을 복지정책으로 실행하고 있다. 여러 지방자치
단체에서도 지역경제 활성화를 위해 워케이션 트렌드를 적극
활용하려는 움직임이 있는 만큼 이제는 하나의 문화로 자리 잡
아가고 있는 것으로 보인다.

　이처럼 주위 환경 조사는 부동산 투자에 큰 도움이 될 수 있
는데, 때로는 반대로 미래의 발전 가능성을 저해하는 요인이 되
기도 한다. 예를 들어 '천혜의 자연환경'이면서 동시에 교통이

연결될 가능성이 있다고 판단해 투자를 진행했는데 개발이 안 돼 천혜의 자연환경 자체로 머문다면 오지가 될 가능성도 크다.

▪ 사회 요소

부동산의 가치와 가격에 영향을 미치는 도시의 전반적인 발달 정도를 의미하는 것으로 '도시 형성'의 관점으로 바라보면 된다. 사람들에게 반드시 필요한 기반 시설이 얼마나 갖추어져 있는지, 사람들이 좋아하는 시설이 얼마나 많은지를 따져보는 것이다.

또 하나 주목해야 할 요소는 인구다. 결국 모든 도시와 지역은 사람들이 없으면 쇠퇴할 수밖에 없기 때문이다. 따라서 향후 인구가 얼마나 불어날 수 있는지, 또 그러한 잠재력을 가지고 있는지를 체크해야 한다.

이를 보다 쉽게 분석하기 위해서는 '서울시 강남구'를 기준으로 하면 된다. 물론 대한민국 그 어디도 강남만큼 발달한 곳은 없지만, 강남을 하나의 기준으로 설정하고 도시의 발달, 인구, 각종 기반 시설, 인프라 등의 요소들을 하나씩 비교해보기에 충분하다.

또한 사회 요소 중에서 빠질 수 없는 것이 '교육'과 '복지'다. 이 둘은 '도시화'의 매우 중요한 기준이다. 아이를 키우기에 좋은 환경, 몸이 아플 때 찾을 수 있는 병원시설이 있다는 것은 그만큼 도시화가 잘 진행된 곳이라고 볼 수 있다.

▪ 경제 요소

'효용성'을 기준으로 판단하는 것을 말한다. 한마디로 정리하면 '돈이 될 수 있는 곳인가?'를 파악하는 것이다. 부동산의 현재 및 미래가치는 결국 경제적 효용성에서 온다고 볼 수밖에 없다. 세상에 돈이 안 되는 부동산을 좋아할 사람은 아무도 없기 때문이다.

문제는 효용성을 단지 현재의 모습으로만 판단할 수는 없다는 점이다. 앞에서 예를 들었던 기억의 사원이란 펜션을 상기해 보자. 해당 지역은 악천후에 고립되기 쉽고, 교육, 편의, 복지시설도 열악한 곳이다. 그러나 사람의 활동으로 인해 경제적 효용성이 급격하게 높아졌다.

즉 경제 요소는 '해당 지역의 객관적 상황을 파악하고 어느 정도 돈이 되는가?'를 따지는 일이기도 하지만, 나 자신이 어떤 활동을 해서 지역의 효용성을 높일 수 있는지도 함께 판단하는 것이기도 하다.

▪ 행정 요소

마지막으로 부동산 가격을 결정하는 행정 요소는 정부의 정책을 의미한다. 이것은 투자자들이라면 매우 주목해야 할 부분이다. 매번 정권이 바뀔 때마다 부동산 시장을 바라보는 시각이 확확 변하기 때문이다.

정부의 태도가 공공성을 강조하는지, 아니면 그렇지 않은지가 매우 중요한 영향을 미친다. 민간의 자율적인 움직임을 허용하는 정부의 태도라면 규제에 크게 신경 쓰지 않고 과감한 투자도 가능하겠지만, 지나치게 공공성을 강조한다면 좀 더 신중해야 한다.

지금까지 일반 요인의 4가지 요소에 대해 알아보았다. 간단히 핵심을 정리하면 자연 요소를 통해서 현재 조성된 자연환경을 눈으로 확인하고, 사회 요소를 통해 도시의 형성 및 발전 과정에서 인구, 기반 시설, 사람들이 좋아하는 시설을 파악해야 한다. 그리고 경제 요소에 대한 분석으로 객관적 상황, 혹은 주관적 활동에 의해 효용성이 어느 정도이고, 얼마나 발전할 수 있는지를 확인하고, 마지막으로 행정 요소로 정부의 정책을 파악하면, 부동산 가격이 어떤 방식으로 결정되었는지를 파악하고 투자를 결정할 수 있을 것이다.

그리고 이 4가지 요소를 입체적으로 봐야 할 필요가 있는데,

그것은 바로 다음과 같은 관점을 바라보는 것을 말한다.

일단 자연적인 요인을 중심에 두고 나머지 요인들을 융합, 교차시켜야 한다. 자연 요인은 도저히 변화시킬 수 있는 요인이기 때문이다. 서울시 강남구를 인천으로 옮길 수 없다는 점에서 '강남이라는 자연 요인'은 절대 변하지 않는 상수이다. 따라서 이를 중심으로 나머지 요인을 대입시켜본다면 보다 단단한 관점을 얻을 수 있을 것이다.

지역 요인

다음은 지역 요인에 대해서 살펴보자. 앞에서 지역 요인에 대해 '지역의 특성을 형성하고 지역의 가격 수준을 형성하는 것'이라고 정의한 바 있다. 간단하게 말하면 '지역별로 모두 특색이 다르다'라는 것을 전제로 지역의 차별화된 요소, 그로 인한 가격의 차이를 분석하고 투자 시 감안해야 할 부분을 뽑아내는 일이다.

예를 들어 같은 '강남'이라고 하더라도 논현동과 역삼동, 대치동은 각각 다른 지역적 특성을 보인다. 대치동이 학원가라는 매우 독특한 지역적 특성을 가진 것처럼 말이다. 그렇다면 서울의 '학원가'는 다 비슷할까? 당연히 그렇지 않다. 강남의 학원가와 강북의 학원가는 당연히 다른 분위기, 다른 스타일, 다른 경제 활동의 원리가 내재되어 있다.

이와 마찬가지로 '강원도'라고 하더라도 모든 지역에 산과 강이 빽빽하게 들어서 있지는 않다. 어떤 지역은 '여기가 강원도야?'라고 놀랄 정도로 도심 분위기가 물씬 풍기는 곳도 있다. 또 같은 '신도시'라고 하더라도 세종은 다른 신도시와 차별화된 요소가 있다. 신도시 특유의 유해시설이나 유흥문화가 발달하기에 매우 제한적인 분위기가 조성되어 있어 신혼부부나 젊은 부부들이 매우 선호하는 지역인 것이다.

이렇듯 각각의 지역이 가지고 있는 고유의 특성을 명확히 파악해야 부동산 가격에 보다 정확하게 접근할 수가 있다.

개별 요인

마지막으로 개별 요인은 '대상 부동산의 구체적인 개별가격 결정에 매우 직접적인 영향을 미치는 요인'이라고 할 수 있다.

개별 요인에서 가장 중요한 점은 '유용성'과 '상대적 희소성'이다. 유용성은 쉽게 말해 쓰임새, 활용도라고 할 수 있다. 얼마나 쓰임새나 활용도가 많은 부동산이냐는 점에 따라 가격 결정에 영향을 끼치는 것이다. 여기에 '상대적 희소성'이 성공적으로 결합되면 '활용성은 매우 높으면서도 희귀한 물건'이 된다. 상식적으로 생각해도 이런 물건이라면 당연히 가격이 올라갈 수밖에 없다. 그리고 이 유용성과 상대적 희소성을 떠받치고 있는 것이 '인간의 욕망'이다.

어렵게 생각할 필요 없다. 예를 들어 여러분에게 다음의 두 선택지 중에 하나를 고르라면 어떤 것을 고르겠는가?

1) 서울 강남의 반포 자이 50평 아파트
2) 시골 산속에 있는 10만 평 (개발이 불가한) 임야

객관적인 평수만 봐서는 임야가 아파트보다 무려 2,000배나 넓다. 그러나 임야를 선택하는 사람은 극소수에 불과할 것이다. 바로 이것이 '욕망'이다. 그리고 이 욕망은 강남이라는 지역에 있는 아파트라는 유용성, 그리고 강남이라는 지역이 가진 희소성 때문에 생겨나는 것이라고 할 수 있다.

간단한 사례를 하나 더 살펴보자. 과거에는 남향 아파트가 인기가 좋았다. 낮에 햇볕이 잘 들어오니 집도 밝고 화사하게 느껴지기 때문이다. 아파트의 방향 자체가 가격을 높이는 개별 요인이었던 셈이다. 그런데 최근에는 이것도 변화하는 추세다. 남향만큼 북향 도로 쪽의 아파트를 더 찾는 인구도 늘고 있다. 1인 가구가 늘며 출근 이후 집이 빈 경우가 많기 때문에 굳이

햇빛이 개별 요인으로 작용하지 않는 것이다. 남향이든 북향이든 해당 물건에 비추는 햇빛조차 개별 요인이 된다는 사실을 알 수 있다.

지금까지 우리는 부동산의 가격을 결정하는 다양한 요인을 살펴보았다. 다시 한번 정리해보자.

- 일반 요인 : 자연 요소 + 사회 요소 + 경제 요소 + 행정 요소
- 지역 요인
- 개별 요인

일반적으로 어떤 대상을 분석하기 위해서는 도구가 필요하다. 그리고 당연히 분석 도구가 많으면 많을수록 심층적이고 다채로운 분석이 가능해진다. 그런 점에서 지금까지 살펴본 가격 결정 요인을 머릿속에 넣고 있다면, 부동산을 바라보는 최소한의 관점이 형성되었다고 자부해도 무리가 없을 것이다.

지역적 가치 기준에 대한 통합적 사고

이제까지 우리는 부동산의 가격을 결정하는 기본적인 요소들에

관해 살펴보았다. 그러나 안타깝게도 부동산의 가격과 앞서 살핀 요인들 사이의 상관관계를 정확하게 밝힌다는 것은 사실상 불가능에 가깝다. 부동산 가격에 미치는 요인이 너무나 방대하며, 현실적으로도 우리의 상식과 어긋나는 부분이 상당하기 때문이다.

따라서 방법은 하나밖에 없다. 이제까지 살펴본 가격 결정 요인들을 기본으로 삼고, 동시에 보다 면밀한 기준을 마련하는 것이다. 망원경으로 전체를 파악하는 거시적인 안목과 함께 현미경으로 근접해서 살피는 미시적인 안목을 함께 길러야만 하는 것이다. 이러한 두 가지 관점이 결합되었을 때, 비로소 우리는 좀 더 날카롭고 구체적인 판단을 가능케 하는 체계적인 관점을 갖출 수 있다.

이와 관련해 지금부터 제시하려는 것이 '지역적 가치판단 기준을 중심에 놓은 통합적 사고'이다. 이 사고 방법은 개별적으로 따로 분리해서 판단하는 것보다 좀 더 고차원적인 사고가 가능하다. '통합'이라는 말에서 알 수 있듯 여러 요인이 서로에게 미치는 영향을 융합하고, 개별적 요소들이 밀고 당기는 관계까지 포착할 수 있기 때문이다. 그러면 보이지 않던 것이 보이게 되고, 좀 더 생각해야 할 부분도 드러나게 마련이다.

▪ 통제 불가, 계산 불가, 수치화 불가한 부동산 가격

부동산 가격을 연구한 한 논문의 내용을 살펴보자. 논문은 주택의 가격형성 요인에 대해 설명하고 있는데, 이를 추정하는 것이 얼마나 쉽지 않은 일인지를 단적으로 보여주고 있다.

부동산(주택) 가격 형성 요인

송경호·권성오(2020)는 주택 가격에 영향을 주는 요인이 너무 많고 다양하여 모든 변수를 통제하고 계수 값을 추정하는 것은 기술적으로 불가능하다고 기술하였다.

기본적으로 주택은,

1) **주택의 물리적인 특성** – 주택의 면적, 연식, 주택 위치 층, 타입(주상복합, 아파트, 연립, 다세대, 단독 등)
2) **지역의 공공재** – 학군, 주택 주변 학교의 성적, 대중교통, 이웃 주민들의 구성 및 학력 수준, 범죄율, 공원 접근성, 대기오염 등.
3) **주택 주변의 생활 편의시설** – 슈퍼마켓, 백화점, 대형마트, 운동 편의시설, 식당, 은행, 병원 등.
4) **주택으로부터의 주요 시설, 지점까지의 거리** – 직장, 학교, 지하철역, 백화점 등 매우 다양한 요인들이 결합되어 복합상품으로 위 모든 요인이 주택 가격에 영향을 주는 것으로 분석하였다.

이외 조망(강, 호수 등) 주변 외관과 같이 연구자들에게 관측되지 않지만, 주택가격에 상당한 영향을 미치는 요인이 다수 존재하고, 교통의 편의성과 같이 통계 수치화하기 어려운 정보도 존재한다고 분석하였다.

앞의 내용을 정리하자면, 한마디로 부동산 가격은 '통제 불가, 계산 불가, 수치화 불가'라고 할 수 있다.

예를 들어 상식적으로 우리는 특정 지역에 지하철역이 들어서면 당연히 이것이 가격에 영향력을 미친다고 생각한다. 따라서 강남에서도 제일 노른자 땅은 지하철역 근처라고 생각하고, 대학가 근처에서 가장 비싼 땅은 대학의 이름을 딴 지하철역 인근의 땅이라고 미뤄 짐작하기 쉽다.

그런데 실제 연구에 의하면 꼭 그렇지만은 않은 게 현실이다. 이 둘의 관계가 '별로 연관성이 없다'고 판단하는 연구도 있고, '지대한 영향을 미친다'고 주장하는 연구도 있다. 경험적으로도 지하철역이 있기에 유동 인구가 늘어날 가능성은 높지만, 인근의 부동산 가격에 큰 영향을 미치지 않는 외진 곳에 지하철역이 분명 존재하는 것도 사실이다.

이렇게 정확한 부동산 가격 산출을 해내는 것이 현실적으로 쉽지 않은 일이라면, 우리는 어떻게 해야 할까? 그냥 형성되어 있는 시세를 받아들여야 할까? 모두들 그것이 '시세'라고 하니 상대방이 내미는 가격에 아무런 의문의 제기도 없이 도장을 찍어야 하는 것인가?

물론 '정확한 가격을 알 수 없으니 시세대로 결정할 수밖에 없지 않나?'라고 반문할 수도 있다. 그러나 설사 그렇더라도 포기하지 말아야 할 것이 있다. 바로 '스스로 납득할 만한 최소한의 기준'만큼은 가지고 있어야 한다는 점이다. 모든 것을 무비판적으로 받아들일 수는 없다. 그것이 정확한지 아닌지를 떠나 최소한의 '나만의 기준'은 반드시 있어야 한다. 만약 이런 자신만의 기준마저 없다면 더 위험한 상황으로 내몰릴 수 있기 때문이다. 가격이 오르면 이유도 모른 채 초조함과 불안감에 뛰어들고, 가격이 내리면 또다시 갈팡질팡할 수밖에 없는 것이다.

다행히 필자는 이런 부분에 대해 오랜 시간 고민해왔고, 이 문제를 어떻게 해결할지 나름의 정의를 만들 수 있었다. 물론 내가 제시하는 기준을 바탕으로 독자 여러분도 자신만의 기준을 적용해서 더 발전시키면 좋을 것이다.

통합적 사고로 어떻게 발전할 것인가

중요한 것은 개별적인 가격 결정 요인들을 서로 융합하고 투영해 볼 수 있어야 한다는 점이다.

일반 요인(자연 요소+사회 요소+경제 요소+행정 요소), 지역 요인, 개별 요인이 마치 손 따로, 발 따로, 머리 따로 사람을 분석하는 일이었다면, 위의 판단 기준은 '전체로서의 사람'을 조망하고 판단해보는 일이라고 보면 될 것이다.

▪ 5가지 객관적 판단 관점

가장 먼저 보아야 할 것은 바로 광역적 관점이다. 광역적 관점은 앞으로도 자주 등장하게 될 도시의 발전 방향에 대한 기본 계획을 의미한다. 예를 들어 '2040 서울플랜', '서울시 도시·주거환경정비기본계획', '비전 2030 글로벌 강남 종합발전계획', '2040 강남 마스터플랜' 같은 정부와 지자체의 구체적인 도시의 개발 방향을 말한다. 이러한 정부의 정책 방향이 나의 투자에 어떤 영향을 미칠 것인지 예측하는 것은 반드시 필요하다.

광역적인 관점에서 조망했다면 다음으로 국지적인 관점의 판단이 필요하다. 국지적 관점이란 해당 지역의 인구 밀도의 변화 추세, 교육이나 복지, 가족의 구성이나 분리, 도시 형성과 기반 시설에 관한 판단을 말한다. 광역적 관점이 '서울'이나 '부산' 등을 기본 단위로 한다면, 국지적 관점은 서울 안에서도 역삼동, 부산에서도 초량동으로 파고 들어가 분석하는 일이라 할 수 있다.

그 다음은 부동산 정책이다. 금융과 세제정책, 가격정책, 토지와 주택정책, 그리고 거래규제 또는 허가에 관한 내용을 살펴보는 것이다. 이들이 내가 투자하려는 부동산, 나아가 의사결정 이후 나의 재산에 어떤 영향을 미치게 될지 구체적으로 확인해야 한다.

수급 현황도 결코 빼놓을 수 없는 부분이다. 부동산 가격 역시 기본적으로는 수요와 공급의 법칙에 의거하고 있기 때문이다. 따라서 현재 공급량이 어느 정도인지, 수요가 어느 정도인지를 파악하는 것은 기본적인 일이라 할 수 있다.

마지막으로는 국내외 경제 상황이다. 물론 이 부분은 부동산 초보자라도 충분히 예견이 가능한 요소라고 볼 수 있다. 예를 들어 나라 전반의 경제가 힘든 상태에서는 누구나 부동산 경기도 침체할 것이라고 예상할 수 있다. 다만 우리는 여기에서 더 나아가 지역사회의 경제가 어떻게 돌아가는지도 함께 둘러보아야 한다. 나라 경제가 어두워도 부분적으로 지역 경제가 호황인 곳은 충분히 존재하기 때문이다. 실제로 해당 지역의 공실률이나 재고 부동산을 통해서 얼마나 경제 활동이 활발한지도 역추산해볼 수 있다.

무엇보다 경제 상황을 파악할 때 빠지지 않고 봐야 하는 것이 미국 연준의 기준금리 결정 동향이다. 한국의 기준금리 결정에 매우 강한 영향력을 미친다는 점에서 반드시 체크해야 할 부분이다.

이렇게 총 5가지의 객관적 판단 기준을 살펴보았다면, 이제 여기에 3개의 내부적 판단 기준을 적용해야 한다.

▪ 3가지 내부적 판단 기준

먼저 재무적 관점에서 나의 현금 흐름을 살펴야 한다. 아무리 매력적인 물건이라도 내가 투자할 수 있는 금액을 넘어서는 투자는 어렵다. '금리 민감도 시나리오'와 같이 주변 환경의 변화에 따라서 내가 투자할 수 있는 금액을 적절하게 산정했는지, 그리고 만약 금리 상승 등의 위험이 있을 때면 어느 정도까지 감당할 수 있는지를 사전에 예상해봐야 한다.

거기에 수익적 관점에서, 경제성 분석을 통해 보수적이고 방어적인 의사결정의 근거를 마련해야 한다. 부동산 투자의 궁극적인 목적이 이익의 실현이라는 점에서 이는 결코 빼놓을 수 없는 과정이다.

그리고 마지막으로 나와 사람들의 심리를 주목해야 한다. 윤택한 삶을 바라는 사람들의 심리, 그리고 해당 지역을 원하는 사람들의 욕망이 함께 결합되어야 한다.

통합적 사고에 대한 실전 연습

자, 그러면 이제까지 언급한 것들을 간단하게 체크리스트화해보자. 다소 거칠기는 하지만 다음과 같이 몇 줄로 정리해 부동산 체크리스트를 만들면, 원하는 물건의 가격 산정과 분석에 큰 도움이 될 수 있다.

✅ 내가 투자하려는 지역이 있는 도시의 기본적인 개발 방향은 무엇인가 (광역적)

✅ 현재 이 지역의 인구, 교육, 복지, 기반 시설 등에는 어떤 것이 있나 (국지적)

✅ 이 지역에서 현재 시행되는 각종 부동산 정책은 어떤 것이 있나 (부동산 정책)

✅ 국내, 그리고 특정 지역의 경제 상황은 어떤가, 한국 기준금리는? 그리고 한국의 기준금리에 중요한 영향을 미치는 미국의 기준금리는? (국내외 경제 상황)

✅ 현재 공급은 어느 정도이고 수요는 어느 정도일까 (수급 현황)

✅ 나는 이 투자에 있어서 무리 없이 현금을 동원할 수 있을까 (현금흐름)

✅ 최대한 방어적으로 플랜을 짰을 때 나는 어느 정도 돈을 벌 수 있을까 (수익적)

✅ 이 지역을 대하는 사람들의 움직임은 어떤가 (심리)

물론 체크리스트를 만들어 사용한다고 모든 투자가 반드시 성공하는 것은 절대 아니다. 여기에서 좀 더 나아가야 한다. 우리에게 필요한 것은 '통합적 사고'이다. 체크리스트의 개별적 요인들을 융합해 종합적으로 바라볼 수 있어야 한다는 뜻이다. 따라서 다음과 같은 질문으로 융합의 과정을 거쳐야 한다.

☑ "도시 개발 방향은 알겠지만, 수요가 너무 많아서 과연 나에게 수익이 될 수 있을까?" (광역적+수급 현황+수익적)

☑ "이곳은 인구가 점점 많아지고 교육 시설도 계속 들어서서 미래가 밝군. 그런데 많은 사람들이 여기에 투자하려고 할 텐데, 과연 그것이 가능한 상황일까? 금융기관 금리의 변동은 어떨까?" (국지적+수급 현황+국내외 경제 상황)

☑ "정부에서 공공성을 강화하며 수요억제정책을 펼친다고 하는데, 그러면 은행 대출이 어려울 수도 있어서 내 대출금액이 줄어들 수도 있겠는데? 이런 상황에서 투자해도 나에게 수익이 될까?" (부동산 정책 + 현금흐름 + 수익적)

☑ "앞으로 2년간 계속 경기침체가 될 것이라면, 과연 다른 사람들은 부동산에 투자하려고 할까? 그나마 지역적으로 호재가 있다면 상황은 좀 달라지지 않을까?" (국내외 경제 상황 + 심리 + 국지적)

'사업은 예술이다'라는 말이 있다. 단순히 몇 가지의 변수가 작동하는 것이 아니라 수많은 변수가 전방위적으로 발생하고, 그것을 통제해야 하는 어려움이 그야말로 예술적이기 때문일 것이다. 부동산 투자와 개발사업 역시 수많은 변수와 리스크가 존재하는 영역이다.

그러나 '통제 불가, 계산 불가, 수치화 불가'라는 난관을 뚫고 부동산이라는 친구에게서 진정한 행복을 얻어낼 수 있다면, 투자자로서 엄청난 성취를 얻을 수 있을 것이다.

CHAPTER

③

급변하는 시장이 미래가치를 선점할 적기

부의 미래는
가치의 미래와 연결된다

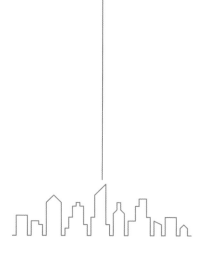

2023년 대한민국 부동산 시장은 한 치 앞을 내다보지 못할 만큼 혼란스러운 상황이다. 2021년까지 폭등하던 아파트 매매가가 2022년 많게는 40~50%씩 떨어지는 지역이 속출하며 대한민국 부동산 지형이 어떻게 변할지 모두가 신경을 곤두세우고 있다. 부동산 불패론자들은 일시적인 하락일 뿐 조정기를 거친 뒤에는 다시 상승장을 그릴 거라 자신하고 있다.

반대로 하락론자들은 경기 침체와 고금리, 공급 과잉, 세계 최저의 출산율과 고령화 등을 예로 들며 폭락을 예고하고 있다. 일본의 사례를 들어 대한민국 부동산은 끝났다고 주장하는 전문가도 많다. 그야말로 대한민국 부동산의 미래에 대해 극과 극으로 의견이 엇갈리고 있는 것이다.

필자는 대한민국 부동산의 미래는 불패론도 폭락론도 아닌 지역별 부동산을 그 지역의 특성에 맞는 관점으로 바라봐야 한다고 생각한다.

토지만 사놓으면 알아서 가격이 올라가던 호황기는 이제 끝났다. 수도권 아파트가격이 폭등할 때 많은 사람들이 공급이 부족해서라고 이야기했다.

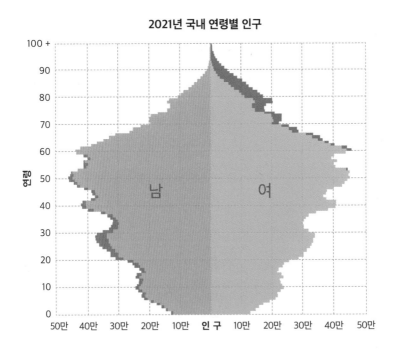

저출산과 고령화로 인구 구조가 변하면서 부동산 투자의 관점도 변하고 있다

그 이후 외부적 충격(금리 상승 등 거시적 요인)으로 부동산 시장은 급격하게 냉각되었다. 이 시점에서는 공급에 대한 이야기는 나오지 않았다. 공급이 부족하다는 것에는 동의하지만 단순하게 공급이 부족해서 가격이 상승했다는 것에는 동의하지 않는다. 부동산 시장의 가격형성은 여러가지 보이지 않는 손(정책, 금리 등)에 의해 영향을 받기 때문이다. 상권의 쇠퇴, 소비자의 심리 변화 등 다양한 이유로 한순간에 가치가 폭락하는 경우가 많아질 것이다. 결국 부동산 투자로 성공하기 위해서는 보다 현명하고 신중한 의사결정이 필요하다. 현재의 가치가 아닌 미래의 가치를 예상하고 신중하게 의사결정해야 한다.

일반적으로 부동산에서 미래가치라고 하면 '현재가치가 저평가된 지역으로, 앞으로 부동산 가격 상승의 여력이 있는 곳', '남들이 알아채지 못한 호재가 숨겨진 곳' 등과 같은 다양한 답이 나올 것이다.

그렇다면 부동산의 숨겨진 미래가치는 어떻게 찾을 수 있을까? 실제로 의사결정 시점에서 우리를 괴롭히는 가장 큰 문제가 바로 이것이다. 눈으로 확인할 수도 없는데 대체 어떤 근거로 부동산의 미래가치를 판단해야 할지 모르기 때문이다.

방법은 하나밖에 없다. 객관적으로 판단할 수 있는 기준을 마련하는 것이다. 즉, 판단 기준을 정립하는 것이 이 책의 목표라고 할 수 있다.

부동산은 현재의 모습이 아닌,
재평가 시점의 미래가치를 판단할 수 있어야 한다.

'재평가'라는 단어를 듣는 순간, 부동산에 조금이라도 관심 있는 이라면 머릿속에 번쩍이는 단어가 있을 것이다. 바로 재개발, 재건축 말이다.

어느 동네 어느 아파트 단지가 재개발, 재건축 사업에 나서면 투자자들이 몰리게 된다. 이들 투자자들은 현재의 낙후된 모습을 보고 가치를 매길까? 절대 아니다. 개발이 완료된 시점의 모습에 투자를 결정한다. 현재의 가치가 아닌 미래에 개발이 완료된 시점을 보고 투자자는 투자 의사 결정을 하는 것이다.

재개발 재건축 지역에서 가장 기본적으로 홍보하는 방법이 무엇인가? 바로 '조감도'와 '모델하우스'이다. 마을과 건물이 어떻게 배치되어 건축되고, 어떤 인프라가 들어가는지 한눈에 확인할 수 있도록 미래를 제시한다. 이들 모두는 현재의 모습이 아니라 미래의 모습을 그려 가치를 부여하고 있다. 투자자들은 현재가치가 아니라 개발이 완료된 시점을 상상하며 미래가치를 가늠한다. 그리고 그들의 가치평가와 의사결정은 가격 형성에 영향을 미치게 된다.

우리 역시 마찬가지다. 머릿속에 조감도를 그릴 수 있어야 한다. 이 지역은 어떻게 변화될 것인지, 어떤 가치가 숨어 있을

지 미래의 모습을 상상해 지역을 평가해야 한다. 이를 위한 사고의 전환 훈련이 필요하다.

대한민국의 도시는 앞으로
어떻게 변화할 것인가?

내가 투자하고자 하는 부동산의 미래가치를 판단하는 가장 중요한 기준은 '변화의 방향성'이라고 할 수 있다. 도시가 앞으로 어떻게 변화할지, 어떤 지역이 유망해질지, 변화의 방향성을 정확히 알 수 있다면 투자에 성공할 가능성이 높아지기 때문이다. 부동산이 그동안 어떻게 변화해왔는지 역사적 흐름을 살펴봐야 하는 이유가 여기에 있다. 역사적 사실을 통해 현재의 삶을 비춰보면, 부동산의 미래를 조금이나마 상상할 수 있기 때문이다.

"인구 급증으로 한양 집값이 폭등했다. 관리가 지방으로 발령을 받으면 가족은 한양에 있으며, 본인만 발령지로 이동하였다. 부동산 가격 상승이 녹봉 상승률보다 훨씬 크기 때문에 집을 팔고 사대문을 벗어나면 다시 사대문 안으로 들어오기 어려웠다. 조선 중기에는 정부의 신도시 건설과 매입 임대정책이 있었다. 하지만 주택가격과 투기는 잡히

지 않았다. 대규모 공급 촉진을 위해 산 아래 토지를 개간해서 분할 분양하기도 했지만, 오히려 도성 인근 집값의 양극화가 나타났다. 인사동의 집값은 정9품 관료 녹봉의 50년 치였으나 새로 개발된 지역 집값은 녹봉 2년 치밖에 안 되었다. 가장 부촌인 청진동과 공평동, 인사동은 한양 다른 지역보다 3~4배 비쌌다."

- 경기일보 칼럼 〈천자춘추〉 '조선시대의 부동산과 투기' 중에서

오늘날뿐만 아니라 조선시대에도 부동산 문제는 심각했다. 시대와 공간이 변했어도 보다 살기 좋은 공간을 원하는 것은 변하지 않는 인간의 본성이기 때문이다. 다시 말해 부동산은 단순한 땅의 문제가 아닌, 그 위에서 숨을 쉬고 살아가는 인간의 삶과 연결된 문제다.

▪ 서울(한양)은 어떻게 발전했을까

서울(한양)은 조선 왕조가 개국하며 수도로 정해진 뒤로 본격적으로 발전하기 시작했다. 조선 왕조는 국가를 건설하는 데 필요한 각종 행정 직제와 직무 지침서로 평가받는 가장 오래된 기술 관련 백과사전인 『주례(周禮)』의 「고공기(考工記)」를 통해 서울의 초석을 다졌다. 왕궁을 중심으로 종묘가 왼쪽에 사직이 오

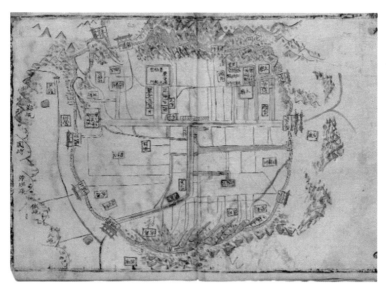

조선시대 한양의 도시계획 결과를 알아볼 수 있는 천하산천도(한양도) [출처:서울역사박물관]

른쪽에 자리하는 배치 개념을 따르고, 정방형의 도시에 격자형 도로를 깔아 사통팔달의 교통망을 갖추고, 동서남북으로 사대문을 계획적으로 건설했다. 그뿐만 아니라 풍수지리설도 영향을 미쳐 배산임수와 주산, 안산, 조산, 좌청룡, 우백호의 지형적 조건을 충족하는 배치를 따랐다.

그리고 서울이 본격적으로 현대의 도시로서 개발되기 시작한 것은 대한제국을 거쳐 일제에 의해 강점된 시기라고 할 수 있다. 우리나라를 병참 기지로 활용하기 위해 일본이 현대적인 도시계획을 시작한 것이다.

이처럼 서울은 왕조 500년과 일제 강점기를 거쳐 1945년

해방 당시 인구 170만 명에 달하는 대도시로 발전했다. 그러나 6.25가 발발하며 인구가 64만 명으로 43.8% 감소했다가, 전쟁이 끝나고 불과 3년 만인 57년 170만 명으로 가파르게 복구되었다.

문제는 전쟁의 폐허를 복구하고 산업화가 급격하게 진행된 60년대부터 일자리를 구하기 위해 지방의 거주민들이 서울로 대거 몰리기 시작하며 발생했다. 도시화가 급속도로 빠르게 진행되며 곳곳에서 문제가 불거지기 시작한 것이다. 무엇보다 점점 더 과밀화가 진행되는 강북이 골칫거리였다. 일본은 서울을 식민 통치와 병참 기지의 목적으로 이용하기 위한 목적으로 발전시키며 강남의 개발은 신경 쓰지 않았다. 단지 인천항에 물자를 나르기 위한 목적으로 강북과 강남을 잇는 한강철교를 세운 것이 전부였다. 자연히 한강철교가 위치한 영등포만 강남의 유일한 공업단지로 개발됐을 뿐 이외의 한강 남쪽 지역은 개발이 전혀 이뤄지지 않은 상태였다.

정부는 강북의 과밀화를 시급히 해소해야 했지만 서울 북쪽은 대대적인 개발이 힘들었다. 남북한의 대치 상황에서 휴전선과 인접한 경기 북부의 안보 문제를 고려하지 않을 수 없었기 때문이다. 지금도 북한의 위협이 상존하고 있지만, 당시는 청와대 습격 사건, 울진삼척 무장 공비 침투 사건 등 그 위협도가 무척 높았다. 이에 따라 땅값이 싸고, 도심의 기능을 분산시킬 충분한 공간이 있는 곳을 찾아야 했다.

당시 정부가 세운 계획이 바로 지금의 행복도시인 세종으로 행정 수도를 이전하는 것이었다. 놀랍게도 세종 신도시가 70년대 말부터 계획되었던 것이다. 그러나 최종적으로 정부의 선택은 수도 이전보다는 도심 기능의 강남 이전이었다. 한강을 기준으로 강북의 과밀화된 인구를 강남으로 보내기로 결정한 것이다. 그리고 오늘날 강남은 대한민국 국민이라면 모두가 꿈꾸는 최고의 지역이 됐다. 강남이 개발되기 시작한 70년대 초와 현재의 강남 땅값을 비교하면 그야말로 상전벽해 수준이다.

만약 여러분이 처음 강남을 개발할 때로 돌아간다면 과연 강남이 품고 있는 미래가치를 파악할 수 있었을까?

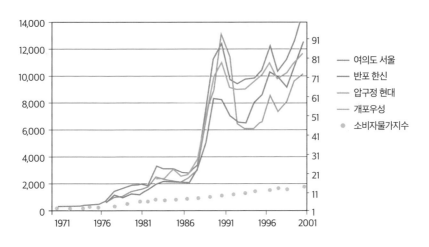

1970년 ~ 2001년 여의도 및 강남 지역 아파트 시세

▪ 50년 전, 강남의 미래가치를 알아볼 수만 있었다면

강남은 지금과는 전혀 다른 땅이었다. 강남 일대는 전기도 제대로 들어오지 않는 곳이 태반이었다. 무밭, 배추밭 같은 농경지가 대부분으로 강북에 식자재를 공급하는 역할이 전부였다. 여름철이면 범람한 한강에 침수 피해를 받기 일쑤라 장화를 신지 않고는 맘껏 다닐 수도 없었다. 미래가치는 고사하고 현재 가치가 강북에 비하면 말도 안 되게 떨어지는 곳이었다. 그런데 지금은 어떤가? 그야말로 대한민국의 최첨단을 달리고 있다.

정부는 논밭밖에 없는 상습 침수구역 강남에 강북의 과밀화된 인구를 이주시킬 만한 요인이 필요했다. 66년 도시기본계획을 기본으로 강북 40, 강남 60의 비율로 서울의 인구를 대대적으로 조정하려고 했다.

따라서 강북은 발전을 억제시키고 강남은 개발을 해야 했다. 강북 도심이 계속 활성화되면 주민들이 강북을 떠나기 싫어할 수밖에 없었기 때문이다.

정부는 먼저 사회적 인프라 확충을 위해 강북과 강남을 연결하는 다리를 대대적으로 건설했다. 실제로 한강의 다리 대부분이 70, 80년대에 집중적으로 건설된 것을 알 수 있다. 또한 지하철 노선을 단계별로 강남까지 확장 개통하는 계획을 시행하고, 고교 평준화 정책을 통해 강남을 8학군으로 지정해 강북에 있던 명문고를 강남으로 대대적으로 이전시켰다.

강남은 원래 영등포를 가리키는 지명이었다. 70년대의 강남을 본격적으로 개발할 때도 영등포의 동쪽 지역을 개발한다는 의미로 '영동개발'이라고 명명했다. [출처 : 서울역사박물관]

또한 공공개발과 함께 강남 개발의 핵심 요인으로 꼽히는 민간개발을 통해 대단위 인구를 분산시키기 위한 아파트 단지를 집중적으로 만들었다. 정부의 도시계획에 따라 모든 게 완벽하게 갖춰지기 시작한 것이다.

개발 50년이 흐른 현재 "강북에 살고 싶은가? 강남에 살고 싶은가?"라고 물으면 백이면 백 강남이라고 말할 정도로 강남은 서울, 나아가 대한민국의 중심이 됐다. '모든 길은 강남으로 통한다는 말'이 빈말이 아닐 정도다.

▪ 서울은 앞으로 어떻게 변화할까

그렇다면 서울은 앞으로 어떻게 발전할까? 전체적인 맥락은 2023년 2월 공개된 '2040서울도시기본계획'에 명확히 나와 있다.

2040서울도시기본계획을 보면 서울은 일자리, 활력, 다양성 고취를 통한 도시 경쟁력을 높이는 데 집중할 예정이다. 도시를 무작정 개발하는 것이 아니라 도시 안에서 살아가는 시민들이 원하는 방향, 즉 삶의 질을 개선하는 방향으로 재편하겠다는 것이다.

이전 정부의 정책은 '보존 규제'에 방점이 찍혀 있었다. 살릴 것은 살리고, 보존할 것은 보존하고, 나머지를 개발하겠다는 도시 재생에 중점을 두고 있었다. 그러나 2040서울도시기본계획의 방점은 '정비 활성화'에 찍혀 있다. 건축물의 높이 규제를 완화하고, 용적률 기준을 완화하고, 개발 방식을 전면 철거 방식으로 정비해 재개발, 재건축을 활성화하겠다는 것이다.

물론 현 정권에서 발표한 계획이기에 다음 정권에서 달라질 수도 있다. 그러나 행정은 연속성이 있어 수정될 수는 있어도 큰 틀은 벗어나지 못한다. 따라서 부동산 투자자라면, 서울시의 도시기본계획이 어느 방향으로 나아갈지에 대한 흐름에 주목해야 한다.

단편적인 예로 지난 정부에서 추진했던 도시재생사업은

2040 서울도시계획을 보면 20년 후의 가치를 전망할 수 있다

2022년 하반기 기준 사업지 규모가 절반으로 축소되었으며, 재개발 사업방식이 추가되었다. 같은 시기 재건축, 재개발 사업이 시동을 걸고 본격적으로 추진되고 있는 점도 이러한 이유이다.

따라서 우리가 어느 지역에 주목해 투자를 고려해야 할지 명확해진다. 바로 재건축, 재개발이 시급한 낙후된 지역이다.

서울의 도시화 순서를 통해 정비가 될 곳들을 유추해볼 수 있는데, 1기 신도시의 노후화된 아파트들이 노후계획도시 특별법으로 용적률 상향(역세권 등 일부 지역 최대 500%)을 통해 적극 추진되고 있다. 강남보다는 낙후된 강북, 영등포가 될 가능성이 높은 것이다. 이러한 내용들은 정책에 따라 변화될 수 있기 때문에 관심을 갖고 지속적으로 확인하여야 한다.

지금까지 우리는 대한민국 도시, 그중에서도 서울과 강남이 어떻게 발전해왔는지 그리고 앞으로 어떻게 발전해나갈지 대략적으로 알아보았다. 이를 통해 도시의 발전 방향성을 예측할 수 있다면 부동산 투자에서 실패할 가능성을 줄일 수 있을 것이다.

도시의 변화를 통해
미래가치를 예측하라

우리는 도시가 앞으로 어떻게 변화할지 다음과 같은 방법론으로 연결하고 분석해야 한다.

광역적 범위 - 지역적 범위 - 개별적 범위

예를 들어 서울의 부동산에 투자하고 싶다면 서울시라는 광역적 범위에서 특정 구, 특정 동이라는 지역적 범위로 들어가야 한다. 다음으로 투자할 지역을 확정했다면 개별적 범위로 들어가야 한다. 또한 광역적 범위에서 지역적 범위로, 지역적 범위에서 개별적 범위로 내려오는 것에 그치면 안 된다.

이번에는 반대로 올라가야 한다. 내가 주목하는 어떤 골목의 물건이 있다면(개별적 범위), 그 골목이 포함된 동과 구의 발전 방향이 어떤지(지역적 범위)를 파악해야 하고, 나아가 도시의 전체적인 계획을 확인해야 한다(광역적 범위). 쉽게 말해 멀리서도 보고, 가까이서도 보고를 반복하며 내가 주목한 지역과 입지의 발전 가능성은 얼마나 될지, 혹은 지금은 괜찮아 보여도 나중에는 쇠퇴할 수도 있을지를 고민해야 하는 것이다.

즉, 정확한 부동산 투자를 위해서는 앞으로 도시가 어떻게 발전할 것이며, 그 방향이 내가 투자하는 데 어떤 영향을 미칠지 알고 있어야 한다. 그렇다면 이를 알기 위해서는 어떻게 해야 할까? 당연히 '도시기본계획'을 봐야 한다.

■ 도시계획 정보는 이미 시장에 공개되어 있다

우리나라는 국토 공간 계획체계에 따라 장기적인 국토 발전 방향을 제시하고 있다. 대한민국의 국토를 어떤 계획체계로 개발할지 '공간 위계(공간 계획의 위계질서)'에 따라 상위 계획과 하위 계획으로 나누고 있는 것이다.

국토 공간 계획체계에서 가장 중요한 것이 '국토의 계획 및 이용에 관한 법률'과 도시기본계획이다. 도시기본계획을 중심으로 지구단위계획(도시관리계획 중 1가지)은 부동산 투자와 사업을 하는 이라면 반드시 숙지하고 있어야 한다.

중앙정부와 지방자치단체는 공간 정보, 도시 변화의 방향성을 과거부터 현재까지 수정 보완을 거쳐 지속적으로 제시하고 있다. 문제는 우리가 이 정보에 크게 주의를 기울이지 않고 있다는 것이다. 안타깝게도 시장에 공개된 정보조차 외면하고 단지 자신의 감, 주위의 부정확한 정보에 휩쓸리고 있을 뿐이다.

2022년 확정된 '목동 지구단위계획구역 결정 및 변경안'을 살펴보자. 정부는 계획 지역의 용적률을 상향하며 미니 신도시로 개발하기로 확정됐다. 우리는 이 변화가 불러올 핵심가치가 무엇인지 고민해야 하는데, 목동이 가지는 미래가치는 과연 무엇일까? 목동은 일단 원천적으로 택지개발지구로, 그러니까 베드타운으로 개발된 곳이었다는 점을 염두에 두어야 한다.

여기에 부동산 투자자라면 목동만 국한해서 살펴보면 안 된다. 목동은 양천구다. 양천구는 강서구, 영등포구와 인접해 있다. 영등포구는 알다시피 잠재적으로 개발 가능성이 어마어마하게 숨겨져 있다. 실제로 '2040서울도시계획'을 보면 영등포가 앞으로 어떻게 변화할지 명확하게 나와 있다. 영등포처럼 서울에서 먼저 도시화가 이뤄진 지역은 이미 노후화가 많이 진행된 상태인데, 이를 반대로 해석하면 쇠퇴한 영등포 지역은 현재가치보다 미래가치를 품고 있을 가능성이 높다는 뜻이 된다. 즉, 목동은 그 자체로도 충분한 메리트가 있지만 인접한 영등포의 재개발로 인해 그 가치가 훨씬 더 높아질 수 있다는 것이다. 이처럼 지구단위계획의 정확한 이해를 포함해 개별적 범위에서 지역적 범위, 지역적 범위에서 광역적 범위까지 두루 살펴야 하는 것이다.

그런데 여러분은 정부와 지자체에서 지속적으로 발표하고 있는 이러한 정보에 대해 얼마나 알고 있는가? 관심을 가져본 적이 있는가? 대부분의 투자자들이 신문에 목동이 미니 신도시가 된다는 보도를 접하고 나서도 이후의 일에 대해서는 접근하지 않는 게 현실이다.

다시 한 번 강조하지만, 우리는 도시기본계획에 포함된 광역적, 지역적 계획과 반드시 친해져야 한다. 공개된 정보가 개별 부동산에 미치는 영향은 어떨지 객관화시켜야 한다. 투자와 사업에 있어, 자기중심적 사고에 빠져드는 순간 어려운 상황에 처하게 될 수밖에 없다. 더 나아가 부동산이 타인에게 미치는 영향을 파악해야 한다. 내가 좋아하는 것이 아니라, 남들이 좋아하는 부동산을 찾아야 한다.

■ 다양한 정보를 나만의 시각으로 재구성해야 한다

여기서 주의해야 할 점이 있다. 만약 누구나 조금만 관심을 기울이면 알 수 있는 공개된 정보를 단지 남들과 똑같이 바라보고 해석하게 되면 어떻게 될까? 당연히 남들과 똑같아질 수밖에 없다. 그러면 이 시장에 끌려가게 된다. 물론 시장을 개인이 쥐락펴락할 수는 없다. 그러나 시장에 편승하면서도 내게 유리한 지점을 찾아야 한다. 이게 중요한 포인트다. 시장의 흐름에 편승하면서도 나에게 가장 유리한 의사결정을 내려야 한다는 것이다.

남들과 다르게 정보를 분별하고 해석하는 능력, 즉 분석력을 키워야 하고, 남들이 평가하지 못한 다른 면을 볼 수 있는 안목을 키워야 한다.

남들과 다르게 분석하는 안목을 키우는 것은 물론 쉽지 않다. 그렇다면 어떻게 분석력과 안목을 키워야 할까? 답은 바로 이것이다.

인간의 본성 + 부동산의 복합적 개념

인간의 인문학적 특성, 즉 어떤 것을 좋아하는지를 관찰하고 이를 부동산의 복합적 개념과 통합하여 새로운 관점을 창출하는 것이다. 인간의 본성과 부동산의 고유한 특징을 동시에 바라보는 훈련을 꾸준히 하면 어느 지역에 가든지 물건의 잠재된 가치를 판단하는 것이 가능해진다.

만약 물건의 가격이 내가 분석한 가격보다 높다고 생각하면,

계약을 안 하면 된다. 내가 분석한 가격보다 낮다면 계약을 진행하면 된다.

▪ 인구의 이동에 주목해야 한다

서울을 비롯해 도시가 발전하며 지역적 범위가 확장되는 이유는 무엇일까? 가장 큰 이유는 '인구의 증가' 때문이다. 도시의 지역적 범위가 확장된다는 것은 그만큼 인구가 늘어난다는 의미를 가지고 있는 것이다. 실제로 도시기본계획 수립에서도 가장 중요한 요소가 바로 인구다. 인구수를 확정해 놓고 기본계획을 작성하게 되는 것이다.

이처럼 도시는 인간이 모여들어 다양한 생산과 소비 활동을 벌이며 살아갈 때 형성된다. 반대로 쇠퇴하는 도시는 인구가 먼저 떠나며 빈집이 늘어난다. 도시가 쇠퇴의 과정에 접어드는 것이다. 부동산은 인간과 떨어질 수 없다는 뜻이다. 결국 인간이 도시를 형성하는 모습을 통해, 시대의 흐름이 어떻게 변화할지 우리는 상상을 할 수 있다. 사람들이 어느 지역을 선호해 이동하는지를 보면 되는 것이다.

예를 들어 서울은 2020년까지 인구 1,000만 명의 메가시티를 유지하다가 현재는 연평균 8%씩 가파르게 감소하고 있다. 서울만 보면 분명 쇠퇴하는 도시의 특징을 보여주는 것이다. 그러나 여기서 주의해야 할 게 있다. 바로 서울을 둘러싼 경기도의 인구는 반대로 증가하고 있다는 것이다. 즉, 서울은 쇠퇴하는 것이 아니라 오히려 서울을 포함한 수도권으로 확장하면서 여전히 발전하고 있다고 볼 수 있다.

그리고 서울 안에서도 인구의 이동에 따른 가격 변화를 볼수 있다. 2019~2021년의 서울 부동산 가격의 변화를 살펴보면, 강남을 꿈꾸지만 높은 가격에 강남에 입성하기 힘든 이들의 수요가 몰리며 강북 지역의 가격 형성을 주도한 것을 볼 수 있다. 그만큼 공급량이 없었다는 반증이기도 한데, 여기서 공급량 부족 때문이라고 단순하게 이야기하는 데서 그치는 것이 아니라 여러 요인을 살필 줄 알아야 한다. 그 지역에서 중요하게 작

2009년 ~ 2022년 서울, 경기 인구 변화

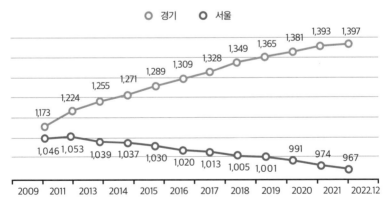

서울의 인구는 줄고 있지만 수도권은 계속 확장, 발전되고 있다

용하는 요인을 분석하면 남들이 보지 못하는 부분도 해석할 수 있는 능력을 가질 수 있기 때문이다.

결국 도시의 변화는 사회·경제·문화적인 외부 환경에 의해 인구가 어떻게 변화하는지에 따라 발전, 진화, 소멸한다는 것을 알 수 있다.

저출산과 고령화 시대의 부동산

우리는 지금까지 도시의 발전에 따른 부동산의 변화 양상을 다뤘다. 그런데 대한민국의 현실을 들여다보면 조금은 다른 방향에서 부동산을 바라봐야 한다는 것을 깨닫게 된다.

현재 우리나라의 총인구는 5142만명(2022년)이며, 출산율은 1970년 4.53명에서 계속 감소해 0.78명(2022년)으로 전 세계 최저 수준을 기록하고 있다. 한마디로 인구가 감소하고 초고령화 사회로 진입한 것이다. 게다가 사람들이 일자리를 찾아 서울과 경기도를 포함한 수도권으로 이주하며 대한민국 인구의 절반을 집어삼키고 있다. 당연히 그 외의 지역은 인구가 급감하고 있다.

따라서 인구가 줄어들고 있는 지역에 대해서는 다른 관점으로 접근해야 할 수밖에 없다. 발전하는 도심을 바라보는 시각으로 접근하는 순간 판단에 심각한 오류가 생기기 때문이다.

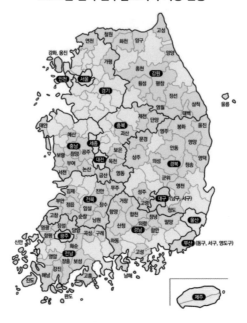

2021년 전국 인구감소지역 지정 현황

저출산, 고령화로 인해 지방 도시들이 빠르게 쇠퇴하고 있다

　앞의 그림을 보면 서울을 제외한 지방의 도시들이 굉장히 빠르게 소멸하고 있음을 확인할 수 있다. 여기서 주목할 게 해당 자료가 행정안전부에서 나온 자료라는 점이다. 역시 인구의 이동, 일자리의 감소가 지방 소멸의 주요 원인이라는 것이다.

　이는 도시가 빠르게 소멸하는 이유가 일자리가 빠르게 줄어든다는 뜻이고, 반대로 도시화가 빠르게 진행되고 있다는 것은 일자리가 빠르게 증가하는 것이라고 해석할 수 있다.

　이를 정리하면 다음과 같이 말할 수 있을 것이다.

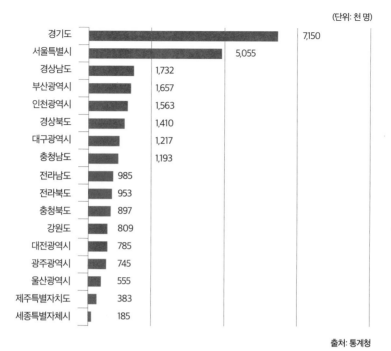

(단위: 천 명)

경기도	7,150
서울특별시	5,055
경상남도	1,732
부산광역시	1,657
인천광역시	1,563
경상북도	1,410
대구광역시	1,217
충청남도	1,193
전라남도	985
전라북도	953
충청북도	897
강원도	809
대전광역시	785
광주광역시	745
울산광역시	555
제주특별자치도	383
세종특별자체시	185

출처: 통계청

2021년 전국 시도별 취업자 수

사람이 도시를 만들고, 도시는 인구로 먹고 산다.

물론 무조건 일자리만 보고 해당 지역을 판단하는 것도 올바른 방법은 아니다. 앞서 공부했던 경제요인, 자연요인, 행정요인, 사회요인 등 여러 요인을 종합해 판단해야 하기 때문이다. 그리고 그중에서도 가장 중요한 부동산 가격 형성 요인은 바로 사회요인이다.

결국 번성하는 도시, 성장하는 도심은 기존의 투자법처럼 성장 가능성이 높은 곳을 찾아 투자하면 된다. 실제로 대부분의 투자자들이 이처럼 번성하는 곳에 주목하고 있다.

그렇다면 우리는 모두가 주목하는 번성하는 도심에만 집중해야 할까? 쇠퇴하는 곳은 무조건 가격이 떨어질 테니 절대 바라보지 말아야 할까?

■ 쇠퇴하는 곳에 미래가치가 숨어 있다

필자는 오히려 좀 더 주목해야 할 곳이 비도심, 쇠퇴하는 곳이라고 생각한다. 실제로 필자 역시 도심 개발과 함께 비도심 또한 사업을 진행하고 있다. 오히려 쇠퇴하는 곳을 집중적으로 본다. 왜냐하면 쇠퇴하는 곳이라도 재생가능한 곳, 미래가치가 숨어 있는 곳이 있기 때문이다. 당연히 쇠퇴하는 지역은 가격이 상대적으로 낮을 수밖에 없고, 만약 재생가능한 곳을 찾게 된다면 어떻게 될까? 말 그대로 대박을 터뜨릴 수 있다. 우리가 '부동산이란 친구와 함께 성장할 수 있을까?'의 관점에서 보면, 완전히 다른 결과를 만들어낼 수 있는 것이다.

일례로 필자는 강연을 할 때마다 필자 자신을 다음과 같이 청중들에게 소개한다. "빨간 벽돌집을 사랑하는 남자 오윤석입니다. 도시의 작은 변화를 이끌고 있습니다. 어디서요? 골목길에서."

필자는 낙후된 골목길 안에 숨어 있는 인간의 본성과 부동산의 특징을 찾아내 투자했고, 실제로 크게 성공할 수 있었다.

앞서 말했듯이 2021년까지의 부동산 폭등 때 필자는 사업을 잠시 멈췄다가 최근에야 다시 투자를 시작했다. 최근(2022년 말 경) 부동산 관련 뉴스를 보면 온통 부동산 가격이 계속 하락할 것이라는 전망이 대부분인데 오히려 사업을 시작한 것이다. 많은 사람들은 가격이 떨어질지도 모른다는 두려움에 거래를 꺼리겠지만, 오히려 필자는 이때가 기회라고 생각하며 적극적으로 사업을 진행 중이다. 눈에 불을 켜고 미래가치가 숨어 있는 물건을 찾고 있다.

이처럼 투자에 있어 사고의 차이가 나는 것은 왜일까? 바로 내가 인간의 본성을 믿기 때문이다. 낙후된 골목길에도 미래가치가 숨어 있다고 믿고 있고, 인간은 언제나 지금보다 좋은 집에서 살고 싶은 욕망을 가진 존재라 확신하고, 열심히 일한 만큼 멋진 카페에 가서 놀고 싶다는 본성을 믿기 때문이다.

필자가 인문학을 계속 강조하는 이유가 바로 여기에 있다. 부동산을 단순히 땅과 건물로만 바라보는 것이 아니라, 인문학적 관점으로 바라볼 때 비로소 부동산이 살아 숨 쉴 수 있다. 우리는 그 공간에 사람들이 어떤 형태를 가지고 들어올 것인지 상상해야 한다.

인문학의 정의를 살펴보자. '인문학(人文學, humanities)의 사전적 정의는 인간과 인간의 근원 문제, 인간의 문화에 관심을 갖거나 인간의 가치와 인간만이 지닌 자기표현 능력을 바르게 이해하기 위한 과학적인 연구 방법에 관심을 갖는 학문 분야로서 인간의 사상과 문화에 관해 탐구하는 학문이다. 자연과학과 사회과학이 경험적인 접근을 주로 사용하는 것과는 달리, 분석적이고 비판적이며 사변적인 방법을 폭넓게 사용한다'로 정의하고 있다.

인간의 근원적인 문제는 욕구로부터 시작되며 욕구로 귀결된다. 이 욕구를 '부동산이란 공간에 어떻게 융화시킬 수 있는가?'를 생각해 보면 부동산이 낯설게 느껴지지 않을 것이다. 역사적 사실에 비추어 인간의 삶을 살펴보면, 부동산과 인간의 삶과의 상관관계를 알 수 있다. 부동산은 시대적 흐름에 맞게 변화되고 있으며, 그 중심에는 인간의 삶과 함께 변화한다는 것을 말이다.

무엇이, 어떻게, 왜, 다른지를 항상 고민해야 한다

앞에서 이야기했듯이 앞으로 대한민국 부동산 시장은 지역적 차이가 점점 더 뚜렷해질 것이다. 저무는 곳은 저물고, 뜨는 곳은 미국의 뉴욕, 일본의 도쿄처럼 천정부지로 치솟을 것이다. 이는 지극히 당연한 일이다. 망하는 곳에 투자할 사람은 없을 테고, 시중의 유동자금이 핫한 곳에 몰릴 테니 자연스레 투자 경쟁이 심해질 것 아닌가!

특정 지역이 뜨는 데는 분명한 이유가 존재한다. 2장에서 설명한 가로수길을 비롯한 핫플을 다시 한번 기억해보자. 처음에는 독특하고 개성 있는 문화를 즐기기 위해 사람들이 찾기 시작했고, 그들의 지갑을 열기 위해 볼거리, 먹을거리가 자연스럽게 따라 들어오고, 사람들이 다시 볼거리 먹을거리에 끌려 찾기 시작했다. 말 그대로 선순환 구조가 이뤄진 것인데, 유명한 길들의 발전 형태를 보면 이런 특징이 뚜렷하다. 대표적으로 이런 수요에 집중해 브랜드 마케팅의 최첨단을 달리는 대표적인 업종이 카페라고 할 수 있다. 알다시피 우리나라의 카페 경쟁률은 상상을 초월한다. 그리고 살아남기 위해 진화를 거듭하고 있다. 처음에는 커피만 팔았지만 베이커리를 팔고, 브런치를 팔고, 저녁에는 술을 팔기 시작했다. 즉 복합적인 문화공간이 되고 있는 것이다.

실제로 이를 제일 먼저 시도한 카페가 바로 스타벅스라고 할 수 있다. 요즘 리뉴얼되고 있는 스타벅스 매장 간판에서 변화된 점을 발견한 적 있는가? 주의 깊게 살펴보면 커피 표시가 없어지고 있다. 이 이유에 대해 생각해본 적 있는가? 스타벅스는 자신들의 마케팅 방향을 명확하게 드러내고 있는 것이다. 스타벅스는 이제 단순히 커피를 파는 곳이 아니라 브런치에서 굿즈 상품까지 팔며 문화를 파는 매장이라고 말이다.

실제로 스타벅스의 계절 행사 마케팅은 바로 인간의 욕망에서부터 출발한 것이다. 매년 행사에 굿즈를 바꾸고, 품절을 시키고, 그것이 당근마켓에 올라가고, 소비자의 욕망을 자극하고 있는 것이다.

부동산 투자자도 스타벅스를 배워야 한다. 인간의 니즈를 자극시켜 인간을 끌어들일 수 있는 공간을 상상해야 한다. '저곳에 가면 정말 즐겁고 행복할 것 같다!'라는 욕망을 불러일으키

스타벅스 간판에는 커피가 사라졌다

는 곳을 상상해야 한다는 뜻이다.

이것이 바로 부동산을 단지 땅과 건물로만 바라보는 것이 아니라 다르게 사고하고, 해석하는 방식이다. 부동산을 단순히 부동산만으로 접근하지 말아야 한다. 당연히 가격 분석은 중요하지만, 가격이 절대적인 기준은 절대 아니다.

문제는 우리는 반복되는 경험에 의해 '아파트를 사면 값이 오른다'는 경험칙을 몸에 새겨왔다는 것이다. 몇 년 전부터는 '갭투자를 하면 떼돈을 벌 수 있다'는 경험칙도 익히게 되었다. 물론 이런 경험칙이 틀렸다고 말하려는 것이 아니다. 실제로 그래왔으니까.

그러나 경험칙은 절대 법칙이 아니라는 점 또한 명심해야 한다. 시대와 환경에 따라 충분히 달라질 수도 있기 때문이다.

갭투자에 대한 왈가왈부하는 철학적 논쟁을 하고 싶지는 않다. 여기서 이해해야 하는 점은 현실적 갭투자 방법의 근원이 어디서 시작되는가 하는 것이다.

갭투자의 의사결정은 '아파트 가격은 상승 할 것이다. 전세 가격은 하락하지 않을 것이다.' 그러므로 '갭투자는 안전하다' 라는 생각에서 이루어진다. 최근 몇 년 동안의 아파트(주거용 부동산)가격의 흐름을 확인해 보면 필자가 전해 주고 싶은 이야기를 추측 할 수 있을 것이다. 단지 돈을 벌기 위해 시작한 부동산 투자가 나의 삶 뿐 아니라 다른 누구가의 삶도 망가뜨릴 수 있다는 것을 깊게 생각해 보았으면 한다.

다시 한 번 강조하지만, 현재의 부동산 가격이 아닌 잠재적 미래 가치에 주목해야 한다. 미래가치가 실현되면 돈은 자연적으로 따라온다. 실제로 필자가 빠르게 성장할 수 있었던 이유가 바로 여기에 있다. 필자는 다른 시선으로 땅과 집을 바라보고 가치를 부여하기 위해 노력했다. 이런 미래가치 전략이 맞아떨어져 부를 이룰 수 있었던 것이다.

미래가치 저평가라는 호재는 멀리 있는 게 아니다. 우리 눈앞에 있다. 그런데 그걸 못 보고 등한시하는 것뿐이다.

▪ 버려진 땅은 없다

부동산과 인간 사이의 관계 변화가 부동산 가격에 어떤 변화를 불러일으킬 수 있는지 대표적인 사례 하나를 보자.

한국고용정보원에서 출간한 [지역산업과 고용 2023년 봄 호] 내용 중 '지방소멸위험 지역의 최근 현황과 특징'에 따르면 경북 문경시는 상주시(0.189) 다음으로 전국 시 단위 지역 중에서 소멸 위험 2위(0.213)를 기록할 정도로 노후화가 극심한 도시다. 만약 현재의 노후화가 예상대로 진행된다면 20여 년 뒤에는 시 자체가 사라질 위기에 놓여 있는 것이다.

그런데 인구 7만 명에 불과한, 소멸하고 있는 소도시 문경의

한 카페에 도시 인구보다도 많은 8만 명이 넘는 관광객들이 몰리고 있다. 그것도 카페가 자리한 산양면은 불과 4천 명의 고령 인구가 살고 있을 뿐이다. 과연 이곳에 무슨 일이 벌어진 것일까?

문경시 산양면 마을 입구에는 화수헌이란 고택은 문중에서 관리를 하지 않아 20년 넘게 폐가로 방치돼 있었다. 마을 주민들에게도 마을을 방문한 이들에게도 눈살을 찌푸리게 만드는 흉물에 불과했다.

그런데 2018년 90년대 생의 청년 5명이 화수헌이란 폐가를 카페와 게스트하우스로 탈바꿈시켰다. 그리고 지금은 그야말로 상전벽해 수준으로 화수헌을 탈바꿈시켜 전국의 관광객들을 끌어모으고 있다. 카페 하나가 소멸예정도시인 문경시 자체에 영향을 미칠 정도로 말이다.

우리가 공부한 미래가치로 이야기해보자.

화수헌이란 버려진 공간을 눈앞에 마주했을 때, 과연 여러분은 지금처럼 공간을 재해석할 수 있을까? 여러분에게 이런 미래가치를 볼 눈이 있을까?

5명의 젊은이들은 20년 동안 방치된 폐가를 재해석해 새로운 가치를 부여하는 데 성공했다. 그곳에 가면 색다른 체험을 할 수 있다는 호기심으로 소비자를 자극했다. 콘크리트 건물에 둘러싸인 도시의 삶에서 벗어나 자연과 함께하는 힐링, 쉼으로

누군가는 20년 동안 방치된 폐가에서 가치를 발견한다 [출처:화수헌]

일컬어지는 자연 휴식 공간을 제공했다. 또 하나 도시에서 자란 젊은 층에게 전통 한옥 체험도 제공했다. 실제로 몇 년 전부터 서울 북촌과 서촌이 젊은이들의 핫플로 뜨고 있는 것도 이와 유사한 사례라고 할 수 있다.

　현재 대한민국은 빈집이 가파르게 증가하고 있다. 물론 화수헌처럼 모든 빈집에 새로운 가치를 부여할 수는 없을 것이다. 그러나 개중에는 어떤 관점으로 공간을 바라보고 재해석하느냐에 따라 충분히 가치를 부여할 수 있다는 집이 있다는 것만큼은 확실하다.

6장에서 보다 자세히 살펴볼 텐데, 이러한 공간의 재해석은 콘텐츠의 융합과 함께한다. 이렇게 유연하게 사고할 수 있도록 하는 것이 바로 이 책의 주된 목적이라고 할 수 있다.

■ 부동산의 현재가 아닌 미래를 상상하라

또한 이런 사실은 도심과 비도심을 분리해 부동산을 바라봐야 한다는 것을 명확히 보여주고 있다.

많은 부동산 투자자들이 도심 아파트의 등락에 목매고 있을 때, 누군가는 전혀 다른 관점을 가지고 값싼 비도심의 부동산을 상업화시켜 높은 이익을 얻고 있는 것이다.

이번 장에서 우리는 부동산의 미래가치에 대해 다양한 관점에서 다뤄보았다. 서울을 중심으로 도시가 발전하는 방향에 대해 알아보았고, 그에 따라 도시기본계획과 지구단위계획의 중요성에 대해서도 간략히 알아보았다.

우리나라의 모든 도시는 점점 더 늙어가고 있다. 심지어 서울도 마찬가지다. 기존의 현재가치에 집중하는 부동산 투자로는 더는 수익을 내기가 어려워진 것은 명확하다. 따라서 쇠퇴하는 곳에서도 충분히 투자할 만한 미래가치를 발견할 수 있는 인문학적 시각의 중요성이 갈수록 중요해질 것이다.

다시 한 번 강조한다. 부동산의 현재 가치보다 미래의 가치를 보는 관점을 가져야 한다. 현재가 아닌 미래를 상상해야 한다. 인간의 본성에 주목한다면, 어려운 상황에서도 성공하는 부동산 투자가 가능할 것이다.

부동산 법률의 핵심은 권리분석

부동산 시장에 참여하기 전, 관련 법률과 용어에 대한 개념을 확실히 알고 있어야 한다. 그러면 부동산 투자나 사업은 우선 반은 먹고 들어간다고 할 수 있다!

우선 우리가 알고있는 권리분석의 정의는 다음과 같다.

"부동산의 권리 및 관계 등에 하자가 있는지 여부를 조사, 확인, 분석하는 작업을 말하며 권리조사라고도 한다."

<부동산 용어사전, 2020.09.10. 장희순·김성진 저>

일반적으로 권리분석은 부동산 경매에서만 활용되는 것으로 인지하고 있다. 하지만 부동산에 관련된 모든 행위에 대한 의사결정을 내릴 때, 계약 이전 단계부터 매각 이후 단계까지 모든 절차에 있어 필수적으로 선행되어야 하는 과정이다.

부동산 공법은 부동산 거래, 개발, 이용 등의 모든 사항을 적극적으로 규율하는 행정 법규의 집합체를 말한다부동산에 관련된 행정적인 규제, 그것도 적극적인 규제의 틀에서 벗어나면 안 된다.

예를 들어보자. 건물주 P씨는 세입자를 늘려 월세를 더 받기 위해 자신의 건물에 경계벽을 세워 다음과 같이 바꾸고 가구 수를 늘렸다.

무단으로 경계벽을 증설하여 가구 수를 늘린 사례

자신 소유의 건물이니만큼 가구를 늘려 소득을 높이는 행위는 일견 아무 문제가 없다고 생각할 수도 있다. 그러나 이런 행위는 구청에 허가나 신고 없이 무단으로 대수선을 한 경우로 엄연히 불법에 해당한다. 실제로 거리를 돌아다니다 보면 무단 증축, 일조권 위반, 무단 대수선, 조경 훼손 등등 위반 건축물 사례가 무수하다.

위반 건축물에 대한 사례

구분	내용
무단 증축	불법 건축 행위의 약 90%를 차지하며 옥상 또는 건물의 층간 면적 차이 부분에 허가없이 경량 철골, 렉산 등을 무단으로 설치하여 증축하는 행위 또는 마당이나 주차장에 컨테이너를 설치하는 행위 (기존 건축물에 단 1세제곱미터라도 추가 설치를 하려면 허가를 획득해야 한다)
일조권 위반 및 무단 대수선	건축물 상층부 일조권 제한 등으로 후퇴한 부분(다세대 주택의 베란다 부분)에 경량 철골 등을 설치하여 일조권 규정을 위반하는 행위 및 다가구(다세대) 주택가구(세대)간 경계벽을 임의로 해체하는 행위
무단 용도 변경 및 공작물 축조 신고 위반	근린생활시설(소매점, 고시원 등)을 주택 등의 용도로 허가 없이 변경하는 등 건축물 대장상 건축물의 용도를 허가(신고) 없이 임의로 변경하는 행위 또는 대형광고판 임의 설치, 높이 2미터가 넘는 담장 등은 공작물 축조 신고를 해야 함에도 신고 없이 무단으로 축조하는 경우
조경 훼손 및 기타 위반	법적인 무조경(시절)이 설치된 곳을 철거한 경우와 다중 주택에 각 실별로 취사시설을 설치하는 경우

위반 건축물에 대한 벌칙

구분	내용
허가 위반 행위에 대한 처벌	1. 도시지역에서 규제 「건축법」 제11조 제1항(건축허가), 제55조(건폐율), 제56조(용적률)을 위반하여 건축물을 건축한 건축주 및 공사 시공자는 3년 이하의 징역이나 5억 원 이하의 벌금에 처해진다 2. 도시지역 밖에서 규제 「건축법」 제11조 제1항(건축허가), 제55조(건폐율), 제56조(용적률)을 위반하여 건축물을 건축한 건축주 및 공사 시공자는 2년 이하의 징역이나 1억 원 이하의 벌금에 처해진다
신고 위반 행위에 대한 처벌	규제 「건축법」 제14조(건축신고) 및 「건축법」 제20조 제3항(가설건축물)에 따른 신고 또는 신청을 하지 아니하거나 거짓으로 신고하거나 신청한 자는 5천만 원 이하의 벌금에 처해진다

다음으로 부동산과 관련된 사법이 있다. 사법은 공법에 대응하는 개념으로 민법, 상법 등과 같이 국가를 당사자로 하지 않는 사인 간의 법률을 말한다. 이처럼 개인과 개인 간의 이해관계를 다루는 법인 사법 중에서 부동산 시장의 가장 핵심은 '권리분석'이라고 할 수 있다. 실제로 부동산 현장에서는 권리분석이란 말이 많이 사용되는데, 그렇다면 권리분석이란 정확히 무엇을 말하는 것일까? 한 문장으로 정리하면 다음과 같다.

권리분석 : 부동산 거래 시 발생할 수 있는 장애물의 사전 예측, 해결 방안 수립을 위한 문서화

권리분석은 눈에 보이는 권리(전세권, 저당권 등)뿐만 아니라, 규제에 의해 나의 재산권에 영향을 미칠 수 있는 공법상 제한사항 등을 포함한 보이지 않는 권리까지 모든 위험성을 체크하는 일을 말한다. 문제는 많은 부동산 투자자들이 권리분석을 굉장히 한정적으로 생각한다는 것이다. 그러나 권리 분석은 최종적으로 '당국의 세무 조사 대응 방법'까지 확장해야 하는 개념이다.

부동산 투자로 돈을 벌면 나라에 국가에 세금을 내야 한다. 우리나라의 부동산 세금 신고는 '자진신고제도'로 내가 벌어들인 액수만큼 세율에 맞게 스스로 신고하고 세금을 내게 되어 있다. 당연히 세무 당국과의 의견이 불일치하는 경우가 많을 수밖

에 없다. 내가 아무리 잘 자진신고를 해도 어차피 내 기준일 뿐이며, 나는 충실히 신고했다고 생각해도 당국에서 "이건 왜 누락시켰어요?"라고 지적하면, 아무것도 준비하지 않은 상태에서는 방어가 불가능해진다.

이때 리스크 대응을 위해서 문서화가 필요하다. 문서화를 시키면 내가 잘못했을 때도 실수를 인정하면 어느 정도 정상참작이 되는 경우 또한 많다. 이렇게 마지막 관문인 세무 조사까지 대응을 예상하고 방어할 문서화가 필요한 것이다.

실제로 부동산 개발사업은 프로젝트 하나를 끝냈을 때 문서화시키는 서류의 양이 어마어마하다. 매매 계약서부터 자금 집행 내역까지 어떤 스케줄에 따라 이뤄졌는지 전부 문서로 정리하기 때문이다.

CHAPTER

④

진짜 가치를
알아보는
판단력을
기르자

지속 가능한 성장성을
어떻게 발견할 것인가

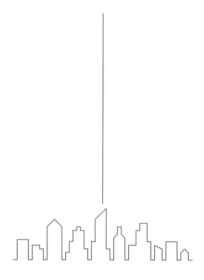

1장부터 3장까지 '부동산의 미래가치'에 대해 지속해서 살펴보았다. 4장에서는 '지속 가능한 성장성'이 숨겨져 있는, 우리에게 공개된 다양한 정보를 다른 관점으로 바라보는 방법에 대해 중점적으로 다뤄볼 예정이다. '어떤 도시가 지속적으로 번성할 것인가?'라는 큰 문제에서 출발해 마지막 도착지는 골목 상권으로 들어가 집중적으로 살펴볼 것이다. 모든 변화의 시작은 골목 상권으로부터 시작된다는 관점만 생긴다면, 부동산이 가지는 내면의 모습을 제대로 파악할 수 있기 때문이다.

우리는 도시가 사회, 경제, 문화적인 요인에 의해 스스로 성장하고 쇠퇴하는 것을 이미 공부했다. 그리고 성장하는 곳만 가치가 있는 것이 아니라, 쇠퇴하는 곳에서도 재생이 가능한 곳을 찾으면 충분히 투자에 성공할 수 있다는 것을 알게 되었다. 이때 중요한 것이 성장하는 곳과 쇠퇴하는 곳을 분리해서 바라봐야 한다는 것인데, 문경의 폐가 사례로 이에 대해 자세히 알아보았다.

- **성장하는 곳** : 지속 가능한 원동력
- **쇠퇴하는 곳** : 새로운 가치

　도심도 마찬가지다. 도심이라고 모든 곳이 번성하는 것은 절대 아니다. 도심 속에서도 다른 곳보다 상대적으로 쇠퇴하는 곳은 분명 존재한다. 그리고 쇠퇴하는 곳에도 눈에 보이지 않는 미래가치를 품은 곳 또한 분명 숨어 있다.

　그리고 대부분 이런 곳은 목 좋은 대로변이 아니라 골목 안에 존재한다. 우리가 힙하다고 말하는 곳을 떠올려보자. 대부분 ○○○길, ○○골목 같은 이름의 상권이 떠오르지 않는가? 문제의 답은 지역 안의 동네, 동네 안의 골목, 골목길 안에 해답이 있는 것이다.

부동산 상권을 날카롭게 분석하는 법

그런데 '골목'하면 머릿속에 딱 떠오르는 무언가가 있지 않은가? 바로 2018년부터 4년 동안 전국의 망해가는 식당을 찾아 솔루션을 제공한 방송 프로그램 「백종원의 골목식당」 말이다. 갑자기 골목 상권의 중요성에 대해 이야기하다가 방송 프로그램을 꺼내니 의아해할 수도 있지만, 필자는 초보 투자자들을 만나면 '골목식당'이란 프로그램과 백종원 더본코리아 대표를 유의 깊게 관찰해보라고 항상 권한다.

▪ 백종원 효과

왜냐하면 백 대표는 단순히 외식업 사업가를 넘어 탁월한 부동산 상권 분석가의 모습을 보여주기 때문이다. 그는 음식의 맛에만 머무르지 않고, 특유의 통찰력으로 죽어가던 공간을 재해석한다. 사람이 찾지 않는 공간에 사람이 다시 찾아올 수밖에 없도록 마법을 부린다. 실제로 그는 음식이라는 콘텐츠로 망해가는 식당을 되살리는 것을 뛰어넘어, 식당이 위치한 죽어가는 상권까지 되살리는 기적을 여러 번 보여준 바 있다.

최근 백 대표는 예산시장 활성화 프로젝트로 다시 한 번 주목을 받고 있는데, 낙후된 시장 환경을 개선하고 다양한 음식

메뉴를 선보여, 재개장 뒤 하루 1만 명 이상의 관광객을 끌어모으고 있는 중이다. 죽어가던 상권을 되살린다는 목표를 초과해 전국적인 핫플레이스를 만든 것이다. 실로 '백종원 효과'라고 부를 만하다.

이처럼 낙후되고 쇠퇴하는 지역도 그 지역의 특성을 파악할 수만 있다면 충분히 가치를 부여할 수 있는데, 최근 가장 힙한 곳으로 떠오르고 있는 성수동이 바로 대표적인 사례라고 할 수 있다. 성수동이 뜬 이유는 무엇일까?

▪ 죽어가던 성수동이 핫플이 된 이유

성수동은 기본적으로 준공업지역이다. 60~70년대 공장들이 곳곳에 들어섰고, 80~90년대에는 붉은 벽돌로 지은 다세대 주택이 대규모로 들어섰다. 그 결과 성수동 건축물의 30%가 붉은 벽돌로 지은 건축물일 정도다. 그리고 붉은 벽돌 건축물은 시간이 흐르며 도시의 미관을 해치는 부정적인 이미지를 갖게 되었다. 서울에서도 낙후된 지역으로 인식된 것이다.

그러나 2010년대 후반부터 '뉴트로 열풍'이 몰아닥치며 부정적인 인식이 180도 역전되었다. 도심의 정형화되고 세련된 건물이 아닌, 이색적인 공간을 찾고 즐기는 젊은이들이 성수동의 붉은 벽돌 건물에서 비일상적인 이미지를 발견한 것이다. 이런 성수동의 재발견에는 90년대 이후로 물류창고로 쓰이던 대림창고와 성수연방이 소유한 건물의 역할을 빼놓을 수 없다. 미관을 해치던 낡은 붉은 벽돌이 카페와 레스토랑, 편집샵을 비롯한 복합문화공간으로 활용되며 젊은이들의 호기심을 자극하며 끌어들였던 것이다. 심지어 커피업계의 애플이라 불리는 블루보틀 1호점이 들어서고, 서울숲길 일대의 저층 벽돌집에 예술인들의 공방과 갤러리, 아틀리에가 들어서며 낯설고 새로운 것에 열광하는 젊은이들을 끌어들였다. 이에 서울시는 성수동을 '서울의 브루클린'이라고 명명하며 '서울특별시 성동구 붉은벽돌건축물 보전 및 지원 조례'를 제정해 서울숲길 일대 건축물을 붉은 벽돌로 조성하는 사업을 벌이기까지 했다. 미관을 해치는 낡은 붉은 벽돌 건축물이 특색 있는 상품이 되며 특화된 도시경관으로 재탄생하게 된 것이다.

부동산 투자자라면 백 대표의 방송을 보며 '음식이 맛있겠네!' 하는 감탄에서 그쳐서는 안 된다. 백 대표가 죽어가는 골목 상권을 되살리듯이 쇠퇴한 골목, 쇠퇴한 상권이라고 무조건 등을 돌리지 말고, 되살릴 수 있는 아이디어를 생각해야 한다. 성수동처럼 소비자들이 먼 곳에서 일부러 찾아가는 핫플이 있다면, 그곳을 방문해 어떤 점이 사람들을 끌어들이고 있는가를 꼼꼼히 살펴야 한다. 이게 바로 진정한 부동산 투자자의 투자 자세다.

▪ 도시기본계획에 모든 답이 있다

필자는 이미 도시 개발에 관한 정보들은 공개돼 있다고 수
차례 강조한 바 있다. 서울시는 2040도시기본계획을 발표하고
이를 바탕으로 도시주거환경기본계획과 지구단위계획이 수립
되고 있다. 서울시가 앞으로 어떻게 개발될지 명확한 방향성을
도시기본계획을 통해 상세하게 파악이 가능한 것이다.

중요한 것은 이 자료를 어떻게 해석하는가라고 할 수 있는
데, 서울시의 도시기본계획에 따르면 앞으로 서울은 도시재생
보다는 도시정비, 즉 재개발·재건축 쪽으로 재정비하겠다는 시
의 목표를 확인할 수 있다.

이렇게 도시기본계획을 확인했다면 세부계획인 지구단위계
획에 친숙해야 한다. 이런 관점으로 접근하지 않으면 도시가 행
정적으로 어떤 요인에 의해 변화되고 있는지 제대로 파악할 수
없게 된다. 예를 들어 앞에서 살펴본 성수동 같은 경우는 성수
동이 포함된 준공업 종합발전계획을 살펴봐야 하는 것이다. 그
래야 앞으로 성수동의 발전 방향을 예측할 수 있기 때문이다.

그러나 대부분의 부동산 투자자는 여전히 '현재 가격'만 바
라보고 있다. 가격을 변화시키는 요인, 즉 그 지역의 특성이 무
엇인지는 관심 없고 일관되게 가격만 바라보는 것이다. 가격이
상승하는 요인도 모르고, 하락하는 요인도 모른 채 말이다. 이
것은 부동산 투자에 있어 엄청난 리스크일 수밖에 없다.

큰 범위에서 도시기본계획을 파악한 뒤, 각 지역에 대한 특성은 행정구의 마스터플랜과 지구단위계획을 찾아보자. 절대 어렵지 않다. 해당 구청 도시계획과에 전화해 마스터플랜이 있는지 문의하면 친절하게 안내를 해준다. 지구단위계획의 경우 '토지이음'이나 '서울도시계획포털' 등 웹사이트를 통해서도 확인이 가능하다.

이렇게 지구단위계획을 면밀히 파악한 뒤 내가 투자할 만한, 미래가치가 숨어 있는 골목(입지, 상권)을 찾는 것이다. 알다시피 부동산 투자에서 가장 중요한 것을 딱 셋만 꼽으라면 첫째도 입지, 둘째도 입지, 셋째도 입지라고 말할 것이다.

입지의 4가지 관점

부동산 투자의 알파이자 오메가인 입지는 '위치(location)', '부지(site)', '지리와 공간', '시간'이라는 4가지 관점으로 파악할 수 있다. 위치는 넓은 의미이며, 입지는 위치 안에서 특정한 장소를 말한다. 예를 들어 강남구 역삼동이 위치이고, 140-2라는 지번은 입지 개념인 것이다.

입지는 세상에 딱 하나밖에 존재하지 않기에 개별적이다. 부동산은 쌍둥이가 존재하지 않는다. 같은 지번이 존재할 수가 없다. 역삼동에 1-1번지는 세상에 딱 하나밖에 없으며, 1-1번지와 1-2번지는 인접해 있어도 가격이 다르게 나타난다. 아파트 또한 호수마다 다르다. 얼핏 가격이 똑같다고 생각할 수 있지만, 실제로는 같은 동 같은 층 같은 면적이라도 가격이 조금씩 다르다.

왜냐하면 부동산 가격 결정의 마지막 요인이 매도인과 매수인의 주관적 의사 결정에 근거하기 때문이다. 두 사람의 의사가 합치되어야 거래가 이뤄지는데, 당연히 매도인은 많이 받고 싶고, 매수인은 적게 내고 싶어 한다. 양측이 만족하는 가격까지 조정하는 과정은 주관적일 수밖에 없기에 물건마다 정확하게 가격이 일치하는 일은 거의 없는 것이다.

문제는 이런 주관적인 판단으로 인한 거래 실패가 현장에서 너무나 빈번하게 발생하고 있다는 점이다. 나 역시 마찬가지다. 한번은 90억 원에 달하는 계약 건을 위해 매도자를 만났는데, 이미 합의가 된 상태였지만 계약 당일 호가가 10억 껑충 뛰어 있었다. 단숨에 10억이나 뛴 이유를 물으니, 매도자의 말이 기가 막혔다. 주변 시세에 비해 너무 낮게 불렀었다는 것이다. 답답해서 어떤 근거로 판단했는지 물으니 주변 토지들보다 자기 토지의 위치가 더 좋으니까 올렸다는 황당한 대답이 돌아왔다. 그야말로 주관적이다 못해 주먹구구식인 것이다.

또 한 번은 도장 찍기 딱 2시간 전에 계약이 불발된 적도 있었다. 역시나 매도자가 가격이 너무 낮은 것 같다며 갑자기 5억 원을 올려달라는 것이었다. 이번에도 이유를 물으니 매수인의 조건을 다 수용하면서 이 가격에 팔아야 하는지 모르겠다는 답 뿐이었다. 결국 계약은 파기되고 말았는데, 한 달 뒤에 다시 연락이 와서 처음 가격에 팔고 싶다는 황당한 제안을 받았다. 원하는 가격에 팔기 위해 여기저기 알아보다가 실패하고 내게 마지막으로 연락한 게 분명했다. 필자는 계약 시점의 가격보다 5억 원 낮은 금액을 역제안 했다. 당연히 계약은 부결됐다.

매매가격이 원점으로 돌아왔으니 계약을 하면 되는 것 아니냐고? 그동안 부동산 사업을 하면서 이런 물건은 절대 계약하면 안 된다는 것을 체득했기 때문이다. 계약 조건이 단순 변심에 의해 변경되는 경우 또 다른 분쟁이 일어날 확률이 높다. 이처럼 막대한 금액이 오고 가는 계약에서는 매도·매수인의 주관적인 판단이 사업에 엄청난 리스크를 안기게 될 수 있다는 점을 꼭 기억하기 바란다.

▪ 가격과 가치를 객관적으로 판단하는 과정

거듭 강조하지만, 해당 물건의 정확한 현재 가격과 미래가치를 추정하려면 가격이 형성된 이유를 지역적 가치 기반 중심으로 분석해야 한다.

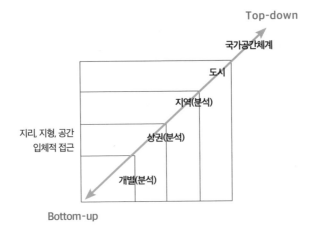

입지를 중심으로 개별분석과 상권분석을 병행(미시적 관점)한 후 행정동에서 자치구로 지역 범위를 확장(거시적 관점)하여 분석해야한다(bottom-up 방식).

부동산 투자자라면 이 두 가지 분석 방식을 자유자재로 오가며 물건의 가치를 유연하게 분석할 수 있어야 한다. 자유롭고 입체적인 사고로 바라봐야 하는 것이다. 가까이서도 보고, 멀리서도 봐야 한다. 그래야 최종적으로 객관적인 해석이 가능하다.

또한 하나의 기준이 아니라, 여러 기준을 만들어야 한다. 그 기준을 만들기 위해서는 '특정 지역을 찾는 사람들의 형태, 그 이유와 공통점, 누가 올 것인지, 무엇을 필요로 하는지, 다른 점은 무엇인지, 왜 여기까지 와야 하는지'에 대한 답을 찾아야 한다(이에 대해 정말 잘 보여준 것이 바로 '골목식당' 프로그램이다). 그리고 이를 통해 최종적으로 다음을 찾아야 한다.

- **주거용 부동산** : 지역에서 가격을 선도하는 대장 아파트 단지와 지역 인프라
- **비주거용 부동산** : 공간을 주도할 수 있는 핵심 점포(key tenant)와 지역의 볼거리, 먹거리, 놀거리

필자만의 지역 분석 방법을 잠깐 소개해 보면, 필자는 힙한 지역이 생기면 반드시 직접 발품을 팔아 찾아간다. 그리고 그 지역에서 가장 인기 있는 음식점, 카페를 방문해 메뉴판부터 확인한다. 메뉴 가격을 보며 객당 단가를 추정해보고, 하루에 방문하는 인원수를 대략적이나마 파악한다. 무엇보다 가급적이면 매장의 대표를 만나 인터뷰를 하려 노력한다. 사람들에게 인기 있고 잘되는 곳은 반드시 그 이유가 있기 마련인데 그 핵심을 파악하려 노력하는 것이다.

최근에는 공간 자체를 소비하는 문화콘텐츠 개념이 트렌드로 자리잡고 있다. 즉 문화적 공간을 소비하고 즐기는 흐름이 생긴 것이다.

여기서 주목해야 하는 것은 '자기만의 관점으로 부동산을 바라보는 시선'을 가져야 한다는 것이다. 내가 과연 어떤 부분에 중점을 두고 물건을 볼지 관점을 확장해야 한다.

▪ 나만의 보물지도를 만드는 방법

일단 지역의 가격을 선도하는 대장 물건을 찾았다면, 구글이든 네이버든 포털 사이트의 맵을 통해 해당 물건으로부터 몇 미터를 정해서 반경 표시를 해본다. 반경 안에 인프라 시설은 무엇이 있는지, 어떤 맛집이 있는지를 자세히 살피는 것이다. 이렇게 연구하면 그 지역이 왜 인기를 끄는지 대략적인 분석이 가능해진다. 그러면 지역마다 나만의 보물지도가 만들어진다. 나만의 다양한 인문학적 상상력으로 부동산과 융합시키는 것이다.

거듭 강조하지만 지역 분석, 개별 분석의 기본은 도시기본계획부터 시작되어야 한다. 도시기본계획에는 과거부터 현재까지 해당 지역이 어떻게 변화해왔는지, 도시의 변화 양상이 그대로

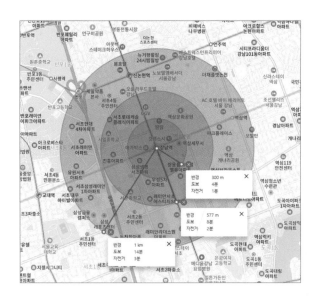

나와 있기 때문이다. 그렇다면 본격적으로 앞으로 서울은 어떻게 변화할지 알아보자.

2040 서울도시기본계획을 꿰뚫어봐야 한다

서울도시기본계획 정책 리포트를 보면 서울의 개발축이 점점 더 진화하고 복잡해지는 것을 알 수 있다. 과거에는 1개의 도심만 존재하고 부도심으로 나뉘었지만, 2020서울도시기본계획에서는 1도심 5부도심, 11지역중심으로 발전하고, 2040서울도시기본계획에서는 3도심까지 늘어나는 것을 알 수 있다. 여기에서는 2040서울도시기본계획에 대해 좀 더 자세히 알아보자.

▪ 3도심

2040 서울도시기본계획은 서울은 3도심, 7광역중심, 12지역중심으로 발전 방향을 잡고 있는 것을 확인할 수 있다. 특히 서울도심(한양도성), 여의도, 강남의 3개의 중심업무권역으로 도심 개발축이 확장된 것이 특징이다. 이는 점점 더 다핵화되고 복잡해진 서울의 공간 구조에 맞게 기존의 한양도성 지역 외에

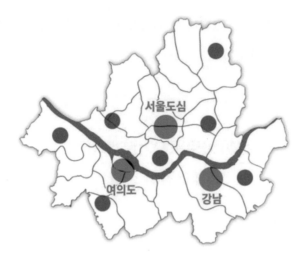

3개의 중심업무권역으로 서울의 도심 축은 계속 확장 중이다

여의도와 강남을 추가해 3개 도심 각자가 특성에 맞는 글로벌 기능을 수행할 수 있게 계획되었다.

- **서울도심**(한양도성) : 역사문화중심지(ICC, International Cultural Center)

  서울의 역사 도심으로 국제적인 문화교류 기능 담당

- **여의도** : 국제금융중심지(IFC, International Financial Center)

  증권거래소 등을 중심으로 국제금융 기능 담당

- **강남** : 국제업무중심지(IBC, International Business Center)

  국제기구 유치 및 MICE 산업 육성 등을 통한 다양한 국제비즈니스 기능 담당

이중에서 최근 이목이 집중되고 있는 여의도를 간단하게 살펴보자. 서울시는 최근 '여의도 금융중심 지구단위계획안'을 확정 발표했다. 기존 한국거래소 등이 자리한 여의도 일대를 금융특정개발진흥지구로 지정하고 최대 1200%의 용적률(기준 350미터)을 적용할 수 있는 초고층 빌딩의 건립을 허용한 것뿐만 아니라, 근처의 노후화된 아파트 역시 최고 200미터(70층), 최대 용적률 800%까지 재건축을 허용하기로 했다. 여의도 일대를 화려한 초고층 스카이라인의 국제금융중심지로 만들겠다는 서울시의 야심찬 계획이 시작된 것이다.

이처럼 서울의 중심적인 변화는 3도심을 축으로 진행될 게 명확하다. 따라서 부동산 투자자라면 3도심이 과연 어떻게 변화할 것인지를 공개된 정보를 바탕으로 상상할 수 있어야 한다.

▪ 7광역중심

다음으로 7광역중심을 알아보자. 7광역중심은 용산, 청량리·왕십리(동북권), 창동·상계(동북권), 상암·수색(서북권), 마곡(서남권), 가산·대림(서남권), 잠실(동남권)로 정해졌는데, 기능적으로 특화된 중심지 육성을 통한 권역별 균형 발전을 도모하고자 하는 목적이다.

7광역중심은 3도심의 글로벌 중심기능을 보완하면서 업무,

상업·문화, 관광, R&D, 첨단산업 분야 등에서 특화된 광역 고용기반을 창출하고 확산해 지역균형 발전을 도모하는 역할을 수행하게 된다.

이중에서 가장 주목되고 있는 곳은 당연히 용산이다. 용산구 철도정비창 부지(49만 3,000㎡)는 서울 한복판에 마지막 남은 금싸라기 땅으로 손꼽힌다. 2007년 서울시는 추정 사업비 31조로 용산국제업무지구 개발사업을 진행해 665m의 초고층 빌딩을 포함 세계적인 복합도시를 만드는, 단군 이래 최대 개발사업으로 불릴 초대형 프로젝트를 추진했었다. 하지만 알다시피 미국에서 시작된 금융위기로 사업은 백지화됐고, 용산 정비창부지는 개발에 대한 기약 없이 표류하고 있었다. 그러나 최근 서울시는 2023년 안에 다시 계획안을 확정하고 예비타당성 조사를 거쳐 2024년 상반기에 도시개발구역 지정 및 개발 계획 수립까지 완료하겠다는 구상을 밝혔다.

여기서 우리는 용산 지구단위계획만 바라볼 게 아니라, 2040서울도시기본계획과 연계해 전체적인 발전 방향을 파악해야 한다. 용산은 위로 한양도성과 연결되고, 아래로는 다리만 건너면 여의도와 연결된다. 즉 용산은 역사도심인 한양도성 안에서 수용하기 어려운 고밀·고층의 대형 상업·업무 시설 등을 흡수하고 한양도성 및 여의도와 연계한 국제 기능 등 고차원적인 업무 기능을 집적하기에 최고의 입지로 개발될 예정이다.

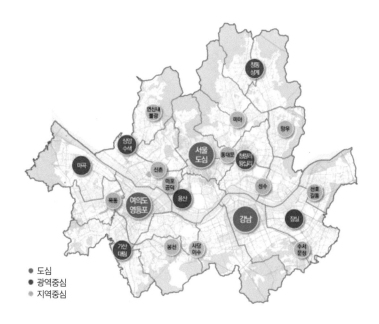

서울시는 7개의 광역중심, 12개의 지역중심 체계로 발전계획을 진행하고 있다

▪ 12지역중심

다음으로 12지역중심을 알아보자. 12지역중심은 동대문(도심권), 망우(동북권), 미아(동북권), 성수(동북권), 신촌(서북권), 마포·공덕(서북권), 연신내·불광(서북권), 목동(서남권), 봉천(서남권), 사당·이수(서남권), 수서·문정(동남권), 천호·길동(동남권)으로 정해졌다. 12지역중심은 권역생활권별로 자족성을 재고하기 위해 직주균형의 지역고용기반을 형성하고, 공공서비스 공급 및 상업문화 중심 기능을 담당할 예정이다.

이중에 동대문을 간략히 살펴보자. 패션의류산업이라는 대표적인 지역적 특성을 가진 동대문구는 노후화가 심각한 청량리 역세권을 포함하고 있어 최근 재개발이 추진되고 있다. 또한 전농·답십리 뉴타운, 이문·휘경 뉴타운이 추진되고 있어 기존의 높은 인구밀도에 비해 녹지공간도 부족하고 낙후되었던 동대문구가 새로운 모습으로 탈바꿈할 예정이다. 또한 동대문구는 한양도심과도 인접해 있어, 한양도심 개발의 수혜를 크게 받을 거라 예상되고 있다.

▪ 한강 르네상스 시즌2

또한 서울도시기본계획을 보면 서울시가 한강 수변공간을 개발하겠다는 의지 또한 명확히 파악된다. 한강을 업무, 상업, 관광의 중심으로 자리매김하겠다는 것이다. 이 계획은 지난 2006년 '한강 르네상스 프로젝트'로 발표된 바 있는데, 실제로 두 자료를 보면 유사성을 쉽게 파악할 수 있다. 시즌2가 시작된 것이다. 이처럼 우리는 도시기본계획을 통해 지역 중심의 특성까지 파악해야 한다.

많은 투자자들은 투자를 고려하는 해당 지역만 보고 개발가능성과 수익성을 판단한다. 한양도심은 한양도심으로만, 용산은 용산으로만 바라보는 것이다. 그러나 이렇게 보면 좁은 시각을 가질 수밖에 없어진다.

2040 서울도시기본계획의 한강 활성화 방안

하나의 지역만이 아니라, 그 지역과 연결된 지역을 찾아야 한다. 예를 들어 2040서울도시기본계획을 보면 광화문·시청은 서울역과 연결되고 있다. 즉 한양도성부터 서울역, 용산까지 한꺼번에 연결되는 것이다. 최근 핫플로 자리잡은 용산 용리단길에 가서 맛집만 찾지 말고 용리단길이 형성된 이유를 고민해보고, 상권이 어디까지 확대될지, 그 핵심 개발축은 어디일지 분석할 수 있어야 한다는 것이다.

지금까지 우리는 2040서울도시기본계획을 통해 서울이 어떻게 발전을 꾀하고 있는지 확인했다. 정리하면, 서울시가 기존의 도시재생 정책에서 벗어나 도시정비, 즉 재개발, 재건축에 집중하겠다는 명확한 방향을 알 수 있다. 실제로 최근 서울시는 앞서 말한 용산 철도정비창 부지를 비롯해 마포구 상암동 디지털미디어시티의 랜드마크 부지 사업, 종로구와 중구 세운재정비촉진지구, 성동구 삼표레미콘 부지 개발 프로젝트 등 대규모 개발사업을 적극 추진하고 있다.

부동산은 시간의 흐름에 따라 사회·문화·경제적 요인으로 끊임없이 변화하고 있다. 따라서 투자를 고려하고 있는 매물이 위치한 지역의 가치를 판단하기 위해 통합적인 사고가 필요하다. 도시기본계획을 비롯한 당국의 다양한 개발 플랜을 알아보는 광역적 시각, 해당 지역의 기반시설 및 인구 밀도 추이와 교육 및 복지시설의 유무 같은 국지적 시각을 동시에 지녀야 한다는 뜻이다.

예를 들어 핫플인 성수동의 노후 주택을 매입해 꼬마빌딩을 지어 건물주가 되고 싶은 투자자라면 성수동을 찾는 방문객들의 인구통계학적 특성, 기반시설 등을 파악하는 국지적인 시각에서 더 나아가 성수동이 포함된 준공업지역에 대한 발전계획까지 살펴봐야 하는 것이다. 즉 도시기본계획을 바탕으로 세분화되고 구체화된 각종 정비계획을 보고 큰 틀을 다시 확인해 봐야 한다. 그다음에 국지적인 공간을 파악해보면 된다.

통합적 사고 : 광역 → 지역 → 동 → 골목

톱다운 ↔ 바텀업

이제 골목, 바로 현장으로 뛰어 들어가 보자.

현장에 모든 답이 숨어 있다

부동산 투자의 답은 모두 현장에 있다. 부동산 투자자라면 현장
에 무조건 가야 한다. 1차로 내가 투자를 고려하고 있는 지역의
지도를 확인한 뒤 현장으로 가야 한다.

다음 그림을 한 번 살펴보자. 지도 속에 빼곡히 수놓은 파란

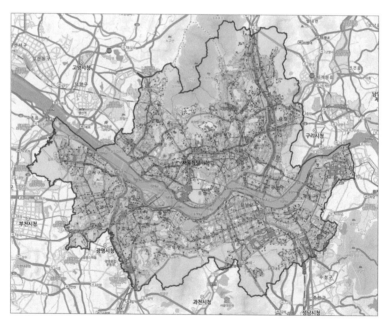

지도 속 빼곡한 파란 점은 미래가치를 선점할 기회를 의미한다

점은 무엇을 뜻하는 것일까?

놀라지 마시라. 내가 이제까지 구구절절 이야기했던 서울시의 지구단위계획을 지도에 모두 표현한 것이다. 무슨 계획이 이렇게나 많냐고? 현재 진행되고 있는 서울시의 지구단위계획은 768개(23.9시점)에 달한다. 말 그대로 지구, 즉 블록 단위의 개발을 다루고 있기 때문에 이렇게나 많은 것이다.

■ 지구단위계획

90년대 말부터 시작된 지구단위계획은 광범위하게 신도시 개발계획까지 포함하는데, 우리가 요즘 뉴스에서 자주 접하고 있는 역세권청년주택 역시 지구단위계획으로 묶어 개발하는 사업이다. 역세권청년주택사업 같은 경우 서울시가 요구하는 최소 면적에 맞춰 개발업자가 사업계획서를 제안하면 서울시 도시계획심의위원회에서 심사한 뒤 요건에 맞으면 승인을 하고, 맞지 않으면 부결을 한다.

부동산 투자자로서는 지구단위계획을 알고 접근하는 것과 모르고 접근하는 것은 완전히 다른 결과를 불러올 수 있다. 따라서 지구단위계획을 이해하기 위해 우선 법률적 개념부터 명확히 파악하는 것이 필요하다. 가장 필수적으로 알아야 할 개념은 다음과 같다.

국토계획 및 이용에 관한 법률 제2조

지구단위계획이란 도시·군 계획 수립 대상지역의 일부에 대하여 토지 이용을 합리화하고 그 기능을 증진시키며 미관을 개선하고 양호한 환경을 확보하며, 그 지역을 체계적·계획적으로 관리하기 위하여 수립하는 도시·군 관리계획을 말한다.

지구단위계획은 '도시·군관리계획' 안에서 도시·군 계획 수립 대상지역의 일부에 대하여 토지 이용을 합리화하고 그 기능을 증진시키며 미관을 개선하고 양호한 환경을 확보하며, 그 지역을 체계적·계획적으로 관리하기 위하여 수립하는 체계적인 공간 계획을 수립하는 것으로 정의하고 있는데, 1980년대의 도시설계 제도, 2000년대의 도시설계와 상세계획 통합기를 거치며 시행착오와 개선을 거듭하며 발전해왔다. 지구단위계획을 살펴보면 도시개발의 방향을 도출해 낼 수 있다. 지구단위계획을 면밀하게 살펴보아야 하는 이유이다.

▪ 부동산 정책을 잘 알아두어야 하는 이유

무엇보다 지구단위계획은 기브 앤 테이크(give & take), 즉 규제와 완화가 모두 포함되어 있는데, 대체적으로 규제가 많다는 점을 주목해야 한다. 대신 규제 사항을 잘 지키는 사업계획이면 당국은 용적률을 상향시켜주는 등 다양한 혜택을 사업자에게 제공한다.

필자가 A역 일대에서 사업지를 찾고 있을 때였다. A역 기준 도보 5분 거리에 있는 대상지만을 중점적으로 확인하며 사업성 검토를 했다. 그 결과 사업 타당성이 기준 이상으로 분석되는 대상지가 있어 건축사 사무소에 기획설계를 의뢰했고, 설계사의 의견이 도착했다.

"A역 지구단위계획구역인데 확인해 보셨습니까?"

중요한 서류 한 장을 빼놓고 확인하지 않은 것이다. 바로 '토지이용계획확인원'이었다. 그제야 A역 지구단위계획을 부랴부랴 확인해보니 계약하려던 필지는 지구단위계획구역상 공동개발로 묶여있던 곳이었다. (공동개발로 지정된 곳은 단독개발이 불가능하다.) 공동개발에 묶인 필지는 3필지였고, 필자가 추천받았던 물건이 그중 1필지였다.

만약 계약을 진행했다면 어떤 일이 벌어졌을까? 지구단위계획에 따라 옆의 2필지까지 반드시 동시에 개발을 해야 하니, 해당 필지의 주인들 입장에서는 기회가 아닌 기회를 얻는 셈이다. 결국 원래 계획에 없던 2필지를 매입하거나, 1필지를 아예 포기하거나, 지주공동개발을 진행하거나 셋 중의 하나를 선택할 수밖에 없었고, 필자의 결론은 사업 철회였다.

가구 번호	번호	면적(m2)	구역	필지		면적(m2)	비고
				위치			
A1	1	681	RC3	○○동	421-10	86.0	공동개발 지정
				○○동	421-1	251.0	
				○○동	421-2	149.0	
				○○동	421-15	113.0	
				○○동	421-34	49.0	
				○○동	421-23	15.0	
				○○동	421-32	11.0	
				○○동	421-33	7.0	
	2	178	RC3	○○동	421-16	26.0	공동개발 지정
				○○동	421-3	60.0	
				○○동	421-18	69.0	
				○○동	421-35	23.0	
	3	186	RC3	○○동	421-20	60.0	공동개발 지정
				○○동	421-19	115.0	
				○○동	421-36	11.0	
			RC3	○○동	421-4	307.0	
			RC3	○○동	421-5	327.0	

이처럼 지역의 특성에 맞춰 규제정책과 완화정책이 포함된 지구단위계획이 중요하다. 당국에서 이 지역은 이러이러하게 개발할 테니 따라와야 한다는 강제성이 포함된 것이다. 안 그러면 재산권에 제한을 할 거라고 얘기하는 뜻이다.

따라서 우리는 지구단위계획의 정확한 목적을 알아야 한다. 그곳이 재개발·재건축을 위해서인지 아니면 흩어진 필지를 통합해 합리적으로 개발하기 위해서인지 정확한 목적을 파악할 때 그에 맞춘 사업계획을 만들 수 있기 때문이다. 예를 들어 용산지구단위계획을 보면 사업 내용들이 아주 구체적으로 분류

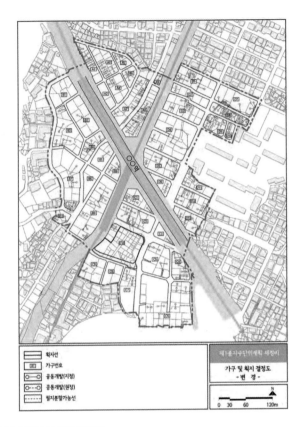

가구 및 획지에 관한 결정도(변경)

돼 있는데, 필지 별로 정해진 목적을 파악하지 않고 엉뚱한 사업계획을 추진한다면 어떻게 되겠는가? 당연히 망할 수밖에 없다. 아니, 사업 자체가 승인되지 않을 것이다. 내가 경험했던 A역 사례처럼 공동개발 지정으로 묶인 곳들도 많다. 따라서 현장, 골목 안으로 들어가 정확한 지구단위계획을 파악해야만 하는 것이다.

지구단위계획이 만드는 새로운 상권

요즘 필자가 주목하는 곳은 영등포, 용산 외에 연남동이 있다. 정확히는 경의선을 친화적으로 복원한 경의선숲길 중에서도 홍대 상권을 포함한 연남동 부근을 보고 있다. 이곳은 평일에도 인파로 가득한데 왜 이렇게 사람이 많이 몰릴까? 과연 다른 지역과의 차별점은 무엇일까? 우리에게 주는 시사점은 무엇일까?

연남동은 교통이 편리해 접근성이 뛰어나며, 잘 정비된 녹지로 주위 환경이 깨끗해 사람들이 몰리기 시작했고, 자연스럽게 다양한 볼거리 먹을거리가 생기며 사람들을 불러들이고 있다. 눈과 입의 즐거움과 녹지공간이라는 자연을 거니는 힐링을 맛볼 수 있는 것이다. 이처럼 발달한 상권은 '쉬는 곳', '즐기는 곳', '먹는 곳'이라는 특징을 지니고 있다.

연남동이 포함된 지구단위계획이 어떻게 지정되고 실행됐는지 자세히 살펴보자. 서울시는 다세대주택이 밀집된 연남동 저층 주거지 특성을 최대한 살리는 취지의 '휴먼타운' 사업을 2013년 완료했고, 사업 특성상 구역별 용도 규제로 자연스레 상권의 확장이 제한됐다.

이후에 경의선 폐철로 전체 6.3km를 녹지공간으로 조성하는 '경의선숲길 공원조성사업'을 구간별로 추진했다. 2015년 연남동 구간이 개장하고 유동인구가 급격히 늘며 상권이 눈에

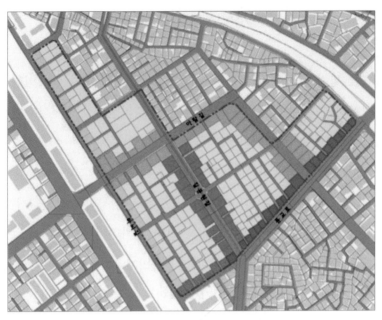

연남동의 서울휴먼타운 제1종 지구단위계획 구역 및 계획 결정도

띄게 성장하자 지구단위계획을 재정비할 필요성을 느낀 서울시는, 구역 명을 '연남동 지구단위계획'으로 변경하고 공원변에 휴게음식점(카페 등)이나 일반음식점 용도를 허용하는 등 지역상권의 효과적인 성장을 도모했다.

변경 전 연남동 서울 휴먼타운 지구단위계획 자료를 확인해 보면, 구역을 나누고 건축물의 용도를 철저히 제한했다. 같은 지역 내의 인접한 입지들 사이에서도 건축물의 허용용도가 달라질 수 있고, 지가 형성에 영향을 미칠 수 있게 되는 것이다. 변경된 연남동 지구단위계획에서 서울시는 다음과 같이 단순화해 허용 용도를 다소 완화했다.

다음 자료를 보면 구역 구분이 단순화되고 구역별 용도 제한 역시 완화된 것을 확인할 수 있다. 그럼에도 지역의 대부분을 차지하고 있는 빌라 밀집지역의 허용 용도는 제한적이기 때문에(주류 판매가 가능한 일반음식점 용도 불허 등) 주민 설명회 당시 재산권의 침해가 발생할 수 있다는 지역민들의 목소리 역시 발생했다.

이러한 변화와 연남동 상권이 확장하며 사람이 급격히 몰리다 보니 기존의 주거시설인 빨간 벽돌집들이 상업용 비주거시설로 급격하게 바뀌기 시작했다.

만약 여러분이라면 연남동에 어떤 공간을 연출하고 싶은가?

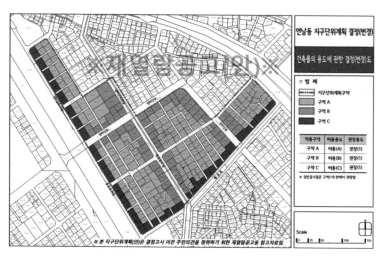

지구단위계획 변경안을 통해 재정비된 연남동 개발 계획

무조건 카페, 술집 같은 상업시설을 추진해야 할까? 반대의 경우도 가능하지 않을까? 주거시설이 급속도로 줄어들고 있으니, 주거시설을 개발하는 것도 충분히 고려할 만한 것이다.

지금까지 연남동이 어떻게 정비 활성화되었는지 간단히 알아보았다. 투자자라면 지구단위계획의 변화와 현황을 꼭 확인해야 한다. 서울도시계획 포털에 들어가면 도시계획 내용을 확인할 수 있다. 거듭 강조하지만, 도시기본계획과 관리계획을 통해 앞으로 지역이 어떤 확장성을 가지는지를 반드시 파악해야 한다(거시적 관점).

주의할 점이 있다. 지구단위계획 구역이라고 해서 무조건 투자적 가치가 높은 것은 아니다. 계획이 예정된 대로 시행되지 않는 경우도 있다. 용산지구단위계획은 2008년 금융위기로 10년 넘게 표류하지 않았던가. 그럼에도 지구단위계획은 부동산 시장 참여자라면 꼼꼼히 확인해야 하는 필수 요소이다.

가격 등락의 시기, 부동산 투자자는 어디를 주목해야 할까

최근 정부에서 '국민 주거안정 실현 방안'을 발표했는데, 발표 자료를 보면 '선호도 높은 도심'이란 문구가 눈에 띈다. 그런데 서울에서 선호도가 높은 도심에 충분한 주택을 공급할 마땅한 땅이 있을까? 과거 이명박 정부 시절 강남, 서초의 녹지를 풀며 개발한 보금자리주택처럼 사업을 추진한다는 것일까? 선호도 높은 도심을 어떻게 개발하겠다는 뜻일까? 답은 나와 있다.

1. 용적률 상향으로 고밀화

2. 재개발, 재건축 활성화

그렇다면 만약 내 집 마련을 고민하는 분이라면 어떻게 해야 할까? 당연히 정부와 지자체가 관심을 가지고 빠른 속도로 사업을 추진하고 있는 지역을 찾아야 한다. 노후된 저층 주거

서울시 재정비촉진지구 현황 및 위치도(2023) [출처:서울시]

지, 서울시 도시주거환경정비기본계획에 나와 있는 지역을 중
점적으로 살펴야 하는 것이다.

▪ 강남의 낡은 주택들의 변화

일찍 도시화가 진행된 지역은 가파르게 노후화되고 있다. 대
한민국 부동산의 중심인 강남 역시 본격적으로 개발된 지 50년
이 흘렀다. 그 결과 강남의 낡은 주택들이 오피스, 상가 등 상업
용 부동산으로 용도가 변경되고 있다.

바꿔 이야기하면, 우리가 살고 싶어 하는 강남 도심 지역에
정작 주거 목적의 건물이 줄어들고 있다는 뜻이다. 따라서 주거

한남 재정비촉진지구 (2023) [출처:서울시]

형 부동산을 공급한다면 어떨까? 부동산 사업가(투자자)라면 여기까지 고민해야 하는 것이다.

　최근 대한민국 부동산 시장을 보면 그야말로 가격 등락이 롤러코스터를 타고 있다. 며칠 만에 억대로 하락하다가 또 며칠 만에 억대 상승폭을 보인다. 두려움이 엄습할 것이다. 이 시대에 제대로 편승하지 못하면 영원히 낙오될지도 모른다는 두려움 말이다. 하지만 그럴수록 시장을 바라보는 안목을 키우고 준비를 해야 한다. 지금부터라도 부동산을 이해하기 위해 이 책에서 말하는 부동산의 고유 특성과 법률적 관계, 복합적인 개념을 공부하자.

CHAPTER

5

부동산 투자의 관점

입지와
사업성을
분석할 수
있는가

잃으면
투자가 아니다

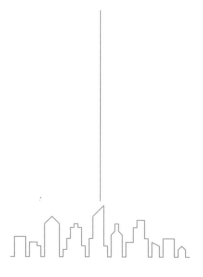

미국 월스트리트에서 가치투자의 대가로 불리는 오크트리 캐피털의 최고경영자 하워드 막스 회장이 2022년 말 국내를 찾아 삼프로TV에 출연했다. 그는 자신만의 투자 철학에 대해 시청자들에게 전달했는데, 물론 주식 투자에 대한 이야기가 대부분이었지만 부동산 투자자도 적극적으로 받아들여야 할 몇몇 인상 깊었던 대목이 있어 이를 소개해 본다.

"투자는 강한 이해에 기초해서 이루어져야 한다. 그러나 많은 사람들은 이해를 하기 전에 투자한다."

필자는 그의 인터뷰에 적극 공감했다. 20년 전 저질렀던 실수가 자연스럽게 떠올랐다. 제대로 된 정부 정책에 대한 이해 없이 경매에 참여했던 빈털터리가 됐던 사건 말이다. 또한 그는 다음과 같이 말했다.

> "우리가 원하는 우위를 확보하고 우수한 성능을 낼 수 있는 분야는 매크로(macro, 거시적 경제 관점)가 아닌 마이크로(micro, 미시적 경제 관점)에 있다. 매크로는 국제 정세, 경제 흐름 등을 뜻한다. 마이크로는 특정 회사, 특정 산업, 증권을 말한다. 이런 것들은 노력과 기술을 통해서 이익을 취할 수 있고, 더 나은 작업을 해낼 수 있는 분야이다."

우리는 모든 노력을 기울여 투자에 대한 불확실성을 줄이고 성공 확률을 높여가야 한다. 그 과정에서 쏟아붓는 시간에 비해 불확실성을 얼마나 해소할 수 있는지, 그 효율성에 대해 고민해볼 필요가 있다. 특정 회사나 해당 산업의 상황에 영향을 미치는 변수가 결코 적진 않겠지만, 투자에 대한 의사결정을 위해 거시적 경제 흐름과 국제 정세를 살피는 일보다는 마이크로에 집중하는 게 이러한 효율성 측면에서 실전적으로 나을 것이다. 여기서 매크로와 마이크로를 부동산 분야로 끌어오면 다음과 같이 정리할 수 있다.

- **부동산 시장의 매크로** : 국내외 경제 상황, 정책, 금융, 도시기본계획, 도시주거환경정비계획, 공간계획정보 등
- **부동산 시장의 마이크로** : 지역, 상권, 입지

만약 매크로에 해당하는 부동산 시장의 정보를 제대로 이해하고, 마이크로에 해당하는 지역, 상권 입지를 나만의 인사이트로 분석할 수 있다면 어떻게 될까? 부동산 시장의 흐름을 읽을 수 있게 될 것이다. 이게 바로 핵심이다.

다시 앞으로 돌아가 '투자는 강한 이해에 기초에 이뤄져야 한다'는 하워드 막스의 말 속에서 '강한 이해'란 무슨 뜻일까? 내가 생각하는 강한 이해란 '투자(사업)에 대한 의사 결정을 내리기에 충분한 이해 수준'을 뜻한다. 당연히 이를 이루기 위해서는 열심히 공부하는 수밖에 없다. 그래서 굉장히 쉬운 말임에도 불구하고 실제로 행하기에는 너무나 어렵다.

이미 필자는 앞에서 4가지 관점(경제, 법률, 기술, 사회문화적)을 토대로 부동산을 이해해야 한다는 점을 강조한 바 있다. 또한 4가지 관점에서 출발해 중앙정부와 지자체가 제공하는 도시계획의 방향성을 이해하고, 지역 분석을 토대로 개별 분석(입지 분석)을 할 수 있어야 한다고 강조했다. 개별 분석(입지 분석)을 통해 미래가치를 평가하고 적정한 가격으로 환산할 수 있을 때, 비로소 투자에 성공할 수 있는 최소한의 조건이 마련되기 때문이다.

그리고 이것은 1장에서 다룬 리스크 관리부터 시작되어야 한다. 투자의 핵심은 수익 창출이 아니라 자본금 방어에 초점을 두어야 하기 때문이다. 보수적 관점에서 부동산 투자(사업)을 해야만 한다는 뜻이다. 그렇다면 이런 목적을 달성하기 위해서는 어떻게 목표 설정을 해야 할까?

첫 번째 목표는 부동산에 대한 객관적 정보 습득이다. 지구단위계획을 비롯한 개발 계획만이 아니라 법률적, 경제적 관점까지 객관화시키고 정립시켜야 한다. 개인의 주관이 들어가면 오류가 생길 가능성이 높아지고, 결국에는 자본금을 잃을 가능성이 높아지게 된다.

두 번째 목표는 인문학에 대한 꾸준한 고찰이다. 부동산은 인간과 떨어질 수가 없다. 사회문화적인 요소에 의해 부동산은 끊임없이 재해석되고 있다. 이 두 가지를 더하면 바로 이 책의 궁극적인 목표, 즉 방향성이 나온다.

객관적 정보 + 인문학
= 부동산 시장에 대한 나만의 가치 평가 기준 정립

"내가 멀리 볼 수 있었던 것은 거인들의 어깨 위에 올라서 있기 때문이다"라는 뉴턴의 말처럼 여러분도 부동산 시장을 바라보는 통찰력을 닦을 수 있기를 소망하며 5장으로 들어가 보자.

입지와 사업성을 분석할 수 있는가

부동산 투자는 결국 가격에서 성패가 갈린다. 그리고 가격을 사이에 두고 매도자와 매수자는 정반대의 고민에 빠지고 만다.

- **매도자의 고민** : 내가 팔려는 부동산의 적정 가격은 얼마일까?
- **매수자의 고민** : 내가 사려는 부동산의 적정 가격은 얼마일까?

그렇다면 적정 가격이란 대체 무엇일까? 부동산 시장에는 가격이 다음 4가지 형태로 존재한다.

- **실거래가** : 거래가 일어난 과거의 데이터
- **호가** : 거래가 일어나지 않은 매도인의 희망가격
- **감정가** : 시세감정, 담보감정, 경매감정, 조세감정 등
- **공시지가** : 과세 기준

4가지 가격 중에 어떤 기준이 가장 정확할까? 매도할 때는 단순히 실거래가를 기준으로 매도를 하면 그만일까? 그러나 부동산 시장에서의 가격은 정찰제가 아니다. 정확한 가격이란 사실 없다. 매도자 매수자의 입장에 따른 이해관계가 다르기 때문이다.

매수자 입장에서는 가격이 계속 떨어지고 있으면 당연히 실거래가로 기준을 잡으면 안 된다. 그때는 시장을 관망하며 어디까지 떨어질지 지켜봐야 한다. 반대로 가격이 계속 오르고 있으면 재빨리 편승하면 끝일까? 자칫 상투 끝을 잡을 수도 있다.

그렇다면 우리는 4가지 가격 중 과연 어떤 가격을 판단 기준으로 삼아야 할까? 필자의 경우, 판단 기준은 다음과 같다.

- **매도 기준** : 유사 물건의 실거래가를 기준으로 현재 부동산 시장 가격(호가)의 흐름에 맞춘다.
- **매수 기준** : 호가와 담보감정 가격을 기준으로 담보감정가격이 호가와 같거나 높아야 한다

부동산은 금융이 지배하기 때문이다.

■ 사업성 분석이 선행되어야 하는 이유

A씨는 베이커리 카페를 창업할 예정이다. 직접 매장을 운영하는 것에서 그치지 않고 브랜드를 런칭해 체인사업까지 고려하고 있다. 이때 A씨가 가장 먼저 해야 할 일은 무엇일까? 당연히 사업계획서를 작성하는 것이다. 사업성 분석을 해야 한다는 뜻이다.

사업성 분석이란 '사업을 시행하기 전에 특정사업의 성공 가능성을 파악하기 위해 사업 추진 능력, 기술성, 시장성, 경제성, 리스크 등을 분석하고 평가하는 것'을 말한다. 이를 통해 투자가 가능하다고 판단됐을 때에야 사업을 시작하는 것이다. 무작정 사업자 등록부터 하고 사업을 한다면? 빚더미에 앉을 가능성이 높다. 이것은 부동산 투자에도 그대로 적용된다.

부동산 투자(사업) 전에

반드시 사업성(타당성) 분석이 선행되어야 한다.

그런데 신기하게도 현장을 보면 전혀 다른 양상이 자주 목격된다. 모든 투자자들이 공통적으로 경험하는 일이 있다. 시장에 형성된 가격을 보고 그대로 투자를 진행한 경험 말이다. 왜 일까? 간단하다. 물건이 내 눈에 엄청 좋아 보이기 때문이다. 철저한 사업성 분석이 필요한 줄은 알면서도 눈에 뭐가 씐 것처럼 무턱대고 계약서에 사인을 한다. 그리고 얼마 지나지 않아 땅을 치고 후회한다.

왜 이런 비합리적인 일들이 벌어질까? '판단 기준'이 없기 때문이다. 물건을 어떻게 분석해야 할지 객관적인 기준과 방법을 모르기 때문이다. 그렇다면 객관적인 판단 기준의 최소한의 기본은 무엇일까? 바로 '리스크 관리'로부터 시작되어야 한다.

▪ 자기 점검(자본금) 분석은 필수

처음으로 부동산 투자를 시작하는 분들마다 필자에게 묻는 질문이 있다. "대표님, 요즘은 어디에 투자하는 게 좋을까요?"

그러면 필자는 항상 똑같이 대답한다. "어디에 투자할까 고민하기 전에 자기 점검이 선행되어야 합니다."

물건의 사업성을 분석하기 전 반드시 먼저 자기 분석, 자기 점검이 선행되어야만 한다. 부동산은 돈으로 직결된다. 그것도 한두 푼이 아니라 굉장히 많은 돈이 들어간다. 전 재산이나 마찬가지인 돈이 잘못된 판단으로 한순간 날아간다면? 고작 점심 메뉴 하나 고를 때도 고민을 하는데, 몇 년을 아끼고 아끼며 모은 돈을 충분한 점검 없이 투자한다는 것은 도박이나 마찬가지다.

물론 첫 투자부터 과감히 배팅해 성공하는 경우도 있다. 초심자의 행운이라는 말처럼 처음부터 성공하는 케이스도 있다. 문제는 초심자의 행운이 절대 좋은 게 아니라는 것이다. 초심자를 중독자로 만들기 때문이다. 실제로 처음부터 과감한 투자로 성공한 이들의 끝은 대게 좋지 않다. 부동산 투자는 처음부터 끝까지 무조건 보수적으로 판단하고 접근해야만 한다.

▪ 금리(외부충격)에 주목하라

부동산은 수익성을 따져야 하기 때문에 금리의 영향이 절대적이다. 똑같은 물건이라도 금리에 따라 수익성은 천당과 지옥을 오갈 수 있다. 전체 사업비 중 자기자본 비율이 높다면 금리 영향이 적지만, 전체 사업비 중 차입금 비율이 높다면, 금리 영향이 크다.

최근 상황을 보자. 코로나 사태로 유동성 자금이 넘쳐나고 초저금리가 지속되자 부동산 가격이 폭등했고, 지금 집을 구매하지 않으면 벼락거지가 돼 영영 집을 장만하지 못할 거라는 공포가 대한민국을 휩쓸었다. 2030층이 담보대출에 신용대출까지 싹싹 끌어와 아파트를 매입했다. 그럴수록 수요가 커지며 매매가는 치솟았고, 치솟는 매매가에 공포감은 더 커져 추격 매수

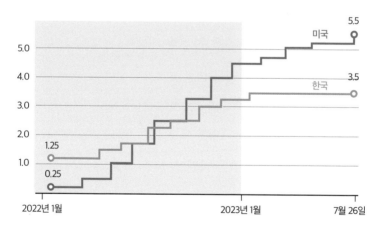

2022~2023 한미 기준금리 추이

자료: 한국 은행, 미국 연방준비제도(Fed)　　　　　　단위: %, 미국은 기준금리 상단 기준

부동산의 수익성은 금리의 영향을 크게 받는다

가 벌어졌다.

그러나 현재는 어떤가? 2022년 말부터 미국의 인플레이션으로 상황이 완전히 뒤집어졌다. 미국의 기준금리가 연일 상승하며 한국 역시 금리를 올릴 수밖에 없게 되었다. 3% 미만이었던 대출 금리가 5~6%까지 치솟았다. 결국 대출로 아파트를 구입한 이들의 이자 부담이 엄청나게 올랐다.

앞으로 부동산 시장이 어떻게 변화할지 장담할 수는 없지만, 나로서는 레버리지를 최대한 일으켜 아파트를 매입한 젊은 세대가 받게 될 충격이 부디 적기만을 바랄 뿐이다.

나는 부채를 얼마나 감당할 수 있는가? 명심하자. 이 질문에 명확한 기준이 없다면 부동산 시장뿐만 아니라 그 어떤 시장에도 진입하면 안 된다. 만약 명확한 기준과 함께 부채를 감당할 능력이 있다고 확신하면, 그에 맞는 물건을 찾으면 된다. 운용가능한 사업비에 대해 기준을 마련한 뒤에야 비로소 의미 있는 지역 분석이 시작되는 것이다.

이때도 투자 초보들은 어느 지역에 뭐가 있는지 정확히 모르는 경우가 많은데, 우선 내가 살고 있는 낯익은 지역부터 먼저 분석하는 것이 정석이다. 지역 분석을 통해 우리는 해당 지역의 지역성(지역적 특성)을 파악할 수 있다.

▪ 지역성을 파악하는 방법

부동산은 인근의 다른 부동산과 함께 지역을 구성하며, 해당 지역만의 사회, 경제, 행정적 가치에 따라 적정한 가격을 형성하게 된다. 부동산의 '지역가치기반'이란 바로 이런 뜻이다.

예를 들어 강남이라고 하면 어떤 이미지가 떠오르는가? 고가의 아파트, 유수의 기업이 즐비한 테헤란로, 유행의 중심지 압구정 로데오거리와 가로수길, 서초동의 대법원이 떠오를 텐데 이게 바로 강남의 사회, 경제, 행정적 위치다.

해당 지역 분석이 끝나면, 범위를 축소해 지역 안에 존재하는 상권으로 들어가야 한다. 지역 안 상권에서 내가 투자하기에 최적의 입지를 찾는 것이다. 이처럼 범위를 점점 좁혀가며 최종적으로 내가 가장 투자하고 싶은 물건을 선택하는 것이다.

지역 선택 →

생활 권역, 상권 분석 → 입지 선택(아파트는 단지, 동과 층 선택)

만약 지역적 특성, 즉 지역가치기반이 만들어내는 가격 형성 요인을 정확히 파악하지 못했다면? 절대 입지를 선택하면 안 된다.

그리고 입지를 분석할 때는 '최유효이용'이 전제되어야 한다. 최유효이용이란 토지(부동산)의 다양한 특성을 고려해 합법적, 합리적, 최선의 활용 방안을 찾아 그 유용성이 최대한 발휘될 수 있도록 하는 것을 말한다. 감정평가 실무기준에 따르면 최유효이용은 다음과 같이 정의하고 있다.

- **최유효이용** : 객관적으로 보아 양식과 통상의 이용 능력을 가진 사람이 부동산을 합법적이고 합리적인 최고, 최선의 방법으로 이용하는 것

매물을 평가할 때는 감정평가사의 기준, 관점을 가져야 한다. 금융이 부동산을 지배하는 시대이기 때문이다. 감정평가사의 의견서인 감정평가서의 내용에 따라 대출여부가 결정되기 때문이다. 감정평가사의 평가 항목과 기준을 숙지하고 있다면, 부동산을 평가하는 기준이 하나 더 늘어나기 때문에 반드시 필요한 관점이다.

부동산 투자의 절대 진리, 입지 분석

"부동산 분석에서 가장 중요한 전략으로 고려하는 3가지 변수는 바로 첫째도 입지, 둘째도 입지, 셋째도 입지이다."

- Mary Alice Hines

"입지, 입지, 입지(location, location, location)가 바로 부동산의 공리(axiom)다. 토지는 부동의 자원이고 희소하며, 소유자나 개발업자의 이용과 가치를 결정해주는 요소이기 때문이다."

- Mahlon Apgar

공리(axiom)란 일반 사회에서 두루 통하는 진리나 도리를 말한다. 결국 두 인용문 모두 부동산 투자의 모든 것은 입지로 귀결이 된다고 말하고 있다. 그런데 입지를 알기 위해서는 무엇을 알아야 하는가? 바로 지역과 상권이다.

▪ 상권과 입지의 차이

상권이란 상품 판매가 가능한 지역의 범위, 일정한 구역을 말한다. 그리고 입지는 상권 안에 있는 영업장의 위치, 특정한 지점을 말한다. 정리하면, 부동산 투자란 상권 안에서 가장 장사가 잘되는 입지를 찾는 일이다. 내가 투자를 고려하고 있는 업종이 지역 상권에서 경쟁력이 있는지, 소비자들의 구매력을 끌어당길 수 있는지 분석하는 것이다.

문제는 상권에서 가장 사람들이 많이 몰리는 최고의 입지는 높은 영업권(권리금)이 이미 존재한다는 것이다. 그러면 우리는 어떤 전략을 취해야 할까? 높은 권리금을 내더라도 그만큼 회수할 가능성이 높으니 믿고 투자하면 될까? 문제는 무조건 권리금이 비싸고 상권 안에 최고의 위치에 있다고 해서 그곳이 무조건 성공하는 것은 절대 아니라는 것이다.

이때 중요한 것이 바로 앞서 강조한 인문학적 상상력이다. 특히 요즘 젊은 세대가 좋아하는 다양한 콘텐츠와 어떻게 연결이 되느냐에 따라 입지는 달라진다.

■ 지역 분석을 위한 핵심 체크 요소

지역 분석을 할 때 핵심적으로 체크할 요소는 다음 4가지다. 첫 번째는 인구 이동이다. 일정 기간 동안의 전입과 전출 인구, 주간과 야간에 활동하는 유동 인구수를 파악하는 것이 중요하다. 지역의 성장과 쇠퇴는 인구의 증감과 긴밀히 연결된다고 이미 말한 바 있다.

두 번째는 소득 수준이다. 지역에 거주하는 주민과 지역을 거점으로 생산, 소비 활동을 벌이는 이들의 소득 수준을 파악하는 것이 중요하다. 일례로 지역에 소재한 기업체의 현황을 파악하는 것도 좋은 방법이다. 성장성이 높은 기업인지, 아니면 사양산업 위주의 기업들이 몰려 있는지를 파악하면 지역의 미래를 보다 쉽게 예측할 수 있다.

세 번째는 교통이다. 교통망의 체계, 수단은 지역의 지가를 결정하는 중요 요소다. 지하철, 광역교통망 등의 교통체계가 들어선다는 것은 시간적, 공간적 접근성을 높인다는 의미에서 가격에 큰 영향을 준다.

네 번째는 성장성이다. 미래가치를 파악한다는 점에서 가장 중요한 요소다. 도시는 외부적인 요소에 의해 스스로 성장, 쇠퇴, 소멸한다. 현재는 가격이 높게 형성된 발달한 지역이라고 해도 쇠퇴할 수 있고, 현재는 가격이 낮아도 발전 가능성이 높은 지역일 수도 있다.

투자자는 해당 지역의 인구, 소득, 교통, 성장성의 파악을 통해 '동일수급권'을 파악할 수 있다. 동일수급권이란 투자 대상 물건과 대체, 경쟁 관계가 성립하고 가치 형성에 서로 영향을 미치는 관계에 있는 다른 부동산이 존재하는 권역을 말하며, 인근지역과 유사지역을 포함한다.

동일수급권

= 인근지역＋인근지역의 세력권＋유사지역, 비교사례지역

예를 들면, 강남역을 중심으로 10번 출구와 11번 출구는 같은 지역이지만 엄연히 상권이 다르다. 그러나 서로 영향을 끼치고 있다. 즉 동일수급권인 것이다. 그렇다면 세종신도시의 동일수급권역은 어디까지일까? 얼핏 인근의 조치원까지라고 생각할 수도 있다. 그러나 세종에서 활동하는 인구의 순이동 현황을 살펴보면 재밌어진다. 서울에서 출퇴근하는 공무원들을 고려하면 서울까지 동일수급권이 된다고 판단할 수도 있는 것이다.

▪ 가격 분석의 3가지 관점

내가 투자하고자 하는 지역의 가격을 분석할 때는 먼저 3가지 관점을 반드시 확인해야 한다. 첫 번째 관점은 공인중개사의 관점이다. 중개사무소를 찾으면 공인중개사가 투자 가능한 금액과 다양한 요청 사항에 딱 맞는 물건을 추천한다. 이들은 해당 지역에 형성된 가격을 가장 잘 알고 있기 때문이다. 그런데 이게 무조건 적정 가격일까? 아니다. 적정 가격일 수도 있지만, 아닐 수도 있다. 결국 판단은 투자자의 몫인 것이다.

두 번째 관점이 바로 감정평가사의 관점이다. 감정평가사가 내가 투자를 고려하는 물건을 어떻게 평가하는지를 정확하게 알고 있어야 한다.

필자 같은 경우는 투자 대상 물건이 나오면 현장 방문 전에 미리 여러 지적공부를 떼어보고, 은행에 연락해 대상지(site)의 탁상감정평가(탁감)를 요청한다.

'탁상감정'이란 현장 방문 없이 말 그대로 사무실에서 부동산의 가치를 감정하는 것으로 감정평가사마다 그 결과가 다를 수 있다. 감정평가란 감정평가사의 고유 권한이기 때문이다. 감정평가사마다 평가 기준이 다를까? 그 기준은 동일하나 공식적인 평가 요인들을 바라보는 감정평가사 개인의 관점이 평가 결과에 영향을 미칠 수 있기 때문이다. 시장에 나와있는 가격(호가)과 탁상감정가격을 비요하는 이유는 레버리지를 일으키기 위한 절대적 기준이 탁상감정가격을 바탕으로 한 정식감정가격이기 때문이다. 만약 호가보다 탁상감정가격이 현저히 낮은 경우 의사결정을 철회해야 한다. 금융이 부동산을 지배하는 시대이기 때문이다.

그 후 대상지 중심으로 로드 뷰를 보며 주변에 기반시설은 잘 갖춰졌는지 혹시나 기피시설은 없는지, 주변 실거래가격을 확인한다. 그런 다음 현장에 직접 나가면 되는데, 현장에서는 여러 가지를 확인해야 한다. 일단 근처 눈에 띄는 중개사무소는 최소 세 곳 이상 방문하여 정보를 수집해야 한다. 부동산학개론에서는 이러한 일련의 과정을 '임장 활동'으로 정의하고 있다.

세 번째 관점은 바로 투자자 본인의 관점이다. 시장 가격과 감정평가 가격을 토대로 투자자 스스로 판단해 적정 가격을 매길 수 있어야 한다.

▪ 입지 분석의 필요성과 범위

앞서 살펴본 지역 분석이 광역적인 분석이라면, 입지 분석은 철저히 현장 중심적인 분석이다. 투자의 승패는 입지 분석에서 좌우되는데, 입지를 분석할 때는 다음에 3가지에 중점을 둔다.

1. **현황 분석** : 입지의 형태 등 도로와의 접근 요인, 지질 및 지반의 상태
2. **지적 분석** : 지적의 불일치 여부, 지형의 경사도, 지표의 고저, 용도지역, 지구 제항 사항
3. **권리 분석** : 물권적 권리, 관습상 권리. 조건부 개발허가 요인

위 3가지 분석과 함께 투자할 때에는 다음 3가지 측면도 함께 고려해야 한다. 첫 번째는 원가 측면이다. 내 자본금을 얼마를 투여할지 원가 분석을 해야 한다. 예를 들어 1000만 원짜리 부동산을 계약했다고 가정하자. 이 부동산의 원가는 얼마일까? 1000만 원 이상이다. 취득세를 비롯한 각종 세금에 중개수수료, 등기이전비용수수료 등이 붙기 때문이다. 원가는 취득세율에 따라 무조건 1000만 원 이상이다. 이게 바로 원가다.

두 번째는 시장 측면이다. 투자 대상과 비슷한 근처의 사례를 비교 확인해야 한다. 비교 대상의 과거 가격 사례를 표본으로 내가 선정한 입지를 가지고 주변에 있는 물건이 얼마에 팔렸

는지 데이터를 수집하는 것이다.

세 번째는 사업 측면이다. 수익성을 확인해야 한다. 이것이 상업용 부동산의 예상 매각가에 대한 근거를 제공한다. 부동산 가격은 내가 벌어들이는 수익적 가치에 따라 달라진다. 수익성을 확인하면 결국 얼마에 팔릴 수 있을지 확인할 수 있다. 물론 주거용 부동산은 다르다. 본서에서는 아파트 등 주거용 부동산의 가격 평가에 대한 자세한 이야기는 다루지 않겠다.

이렇게 원가 분석과 주위 거래 및 임대 사례 비교, 수익성까지 확인해 자료로 만들면? 그것이 바로 '사업성 검토 보고서'가 되는 것이다.

이상이 현장에서 본격적으로 파악해야 할 실무적 내용이며, 현장에서 어려움에 부딪치는 거의 대부분의 요인들이라고 할 수 있다. 이번 장에서는 이론적인 이야기를 다루고, 관련된 자세한 이야기는 8장에서 중점적으로 다룰 예정이다.

부동산 투자를 위한
자기 점검 체크리스트

이제부터 부동산 투자를 위한 자기 점검 체크리스트를 알아보자. 이 리스트는 부동산 개발사업자의 관점으로 작성되었기에 아파트 투자에만 관심 있는 독자에게는 맞지 않는 부분이 있을 수도 있다. 그러나 사업 목적이든 투자 목적이든 시장에서 내 소중한 자본금을 잃지 않을 수 있는 핵심이 담겨 있으니, 꼭 한 번 각자에 맞게 체크해볼 것을 추천한다.

■ 자기자본금에 맞는 사업지(입지)를 찾아라

"사업지 확보가 사업의 70% 이상"이라는 말이 있다. 그만큼 사업지, 즉 좋은 입지를 확보하는 것이 중요하다는 뜻이다. 실제로 시간과 노력이 가장 많이 들어가는 과정이 바로 사업지 확보다. 문제는 아무리 좋은 입지라도 내가 투자할 능력이 없으면 소용이 없다는 것이다.

따라서 체크리스트의 처음은 당연히 내가 사업에 리스크 없이 투입할 수 있는 자본금의 규모와 금융 레버리지를 확인하는 일이라고 할 수 있다. 내가 조달할 수 있는 자금(사업) 규모에 맞는 입지를 찾아야 하는 것이다.

그렇다면 전체 투입 비용을 100%라고 했을 때, 자기자본 비중과 금융 레버리지의 비중은 어느 정도가 안전하다고 볼 수 있을까? 이에 대해서는 개발사업 시행자마다 생각하는 답이 다를 텐데, 필자의 경우에는 자기자본비율(equity)을 30% 정도로 맞춘다. 강한 확신이 드는 사업이면 20%까지도 내린다. 자칫 유동성 위기가 닥쳐도 내가 감당할 수 있는 리스크라고 생각하는 것이다.

보수적인 자세라고 생각하는 분들이 많을 텐데, 거듭 강조하지만 필자는 부동산 투자(사업)는 최대한 보수적으로 해야 한다고 생각한다. 명심하자. 절대적으로 본인이 감당할 수 있는 레버리지 안에서 투자가 이뤄져야 한다.

▪ 지역 선정하기

안전하게 운용 가능한 사업비(자기자본+금융)를 확정했다면, 이제 사업이 가능한 지역을 탐색해야 한다. 이때는 낯설고 생소한 지역보다는 본인에게 익숙한 지역을 위주로 먼저 알아보는 것이 좋다. 내가 잘 알고 있는 지역이라는 것은 그만큼 나만의 기준을 잡기 쉽다는 뜻이고, 이런 기준으로 조금씩 지역을 넓히며 탐색하는 게 용이하다. 또한 남들이 놓치고 있는 정보를 알고 있을 가능성이 높은데, 상대적으로 저렴한 입지를 낮은 경쟁률과 저렴한 가격으로 확보할 수 있는 것이다.

과거에는 무조건 발품을 팔아야 했지만, 요즘은 빅데이터를 활용한 여러 시스템이 잘 갖춰져 있으니 다음의 시스템 중에서 본인에게 가장 잘 맞는 시스템을 활용하면 된다.

- 국토교통부 실거래가 확인시스템 (http://rt.molit.go.kr/)

- 밸류맵 (http://www.valueupmap.com/)

- 디스코 (http://www.disco.re/)

- 네이버부동산 (http://www.land.naver.com/)

■ 용도지역 등을 고려한 입지 후보군 선정

운용 가능한 사업비와 투자진행을 위한 지역선정을 마쳤다면, 지역 안에서 사업을 진행할 입지 후보군들을 선정해봐야 한다. 특히 입지가 어떤 용도지역에 속하는지 파악해야 한다. 흔히 알고 있는 일반주거지역(1,2,3종), 준주거지역, 상업지역 등 용도지역에 따라 건폐율, 용적률, 건축물의 용도(주택, 근린생활시설, 숙박시설 등)에 대한 규제 사항이 다르게 적용되기 때문이다.

예를 들어 주거지역 내에서 북측 도로와 접하고 있는 필지가 사업하기에 좋다는 이야기를 들어본 적 있는가? 볕이 드는 남향을 선호하는 전통적인 관점과는 배치되는데, 건축법상의 일조권 사선제한으로 인한 용적률 규제를 받지 않기 때문이다.

용도지역은 토지이용계획확인원을 확인하면 되는데, 이에 대해서는 잠시 뒤 자세히 다룰 예정이다.

▪ 지역의 고유 색깔을 찾아라

운용가능한 사업비에 맞는 사업지를 선택했다면, 이제는 사업지가 위치한 지역의 고유한 특징을 파악해야 한다.

지역에 다인가구가 많은지 아니면 1인가구가 많은지, 은퇴자가 많은지 사회초년생이 많은지, 주간 활동 인구가 많은지 야간 활동 인구가 많은지, 교통편이 좋은지 나쁜지 등 지역의 전체적인 특성을 확인하는 것이다. 만약 사업지 주변에 주거용 건물이 대부분이라면, 주간 유동인구가 적은 베드타운의 성격을 띠는 것은 아닌지 확인해 볼 필요가 있다.

예를 들어 강남구와 강남에 인접한 관악구, 동작구, 중구 등의 지역의 특징을 조사하면 다음과 같이 정리할 수 있다.

[강남구]

- 주간 활동 인구가 높다

- 주거용으로 평수 큰 원룸이나 투룸, 쓰리룸이 선호되며 주차공간 여부가 중요하다

- 1인 가구 중심으로 단기 임대차 수요가 많다

- 비주거용으로 상가와 사무실로 구성된 소형빌딩의 수요가 높다

- 상가와 사무실은 입지와 위치 선정이 중요하다

- 수요가 많은 초 역세권이나 번화가는 토지 단가가 비싸다

- 이면지역(주거지역)도 작은 단독사옥이나 상가/사무실 수요가 많다

[관악구, 동작구, 중구]

- 사회 초년생의 수요가 많다

- 1인 가구의 주거 수요가 많다

- 30분 내 강남 접근이 가능해 저렴한 임대료를 선호한다

앞에 설명한 이러한 방식으로 강남구와 관악구, 동작구, 중구 등의 지역적 특징을 정리하면, 투자 방향을 잡기에 한결 용이해진다. 실제로 강남에 투자하는 이들은 보통 임대수익보다는 매각으로 인한 차익 실현에 관심을 보이는 반면, 이외의 지역은 차익 실현보다 임대수익에 관심을 보이는 경우가 많다. 투자의 목표가 자본이득의 실현인지, 인컴게인(패시브인컴) 실현인지에 따라, 사업지 선정에 지대한 영향을 미치게 되는 것이다.

▪ 적정 임대가격과 매각가격을 파악하라

잠시 주택을 예로 들면 아파트는 상권 분석이 아니라 단지 분석을 해야 하는데, 임대가격이 아닌 매매가격과 전세가격을 분석해야 한다.

다세대주택은 단지화 되어 있지 않기에 상권 분석을 통해 임대가격과 매매가격을 분석해야 한다.

공실률은 임대목적으로 매입한다면 고려해야 할 요인 중에

하나이다. 아파트 임대차(전세포함), 상업용 부동산 계약기간 만료 이전부터 계약이 이루어지지 않는 기간에 대한 대비가 필요하다. 이 부분에 대한 고려가 없다면 현금흐름에 문제가 발생할수도 있다. 예로 상업용 부동산을 소유하고 있다고 가정해 보자. 소유지분에는 금융기관지분이 참여되고 있을 것이다. 금융기관 지분에 약정된 이율로 약정된 날짜에 지급해야 한다. 일정공간에 공실이 발생한다면 현금흐름에 문제가 생기게 된다. 임대가격을 파악하고, 공실이 발생 될 수 있는 기간을 보수적으로판단하여, 적정가격을 파악해야 한다. 주거용 부동산의 경우는임대차 조건에 따라 다른 대비가 필요하다. 전세인 경우 전세기간 만료시점에 대비하여 자기자본(equity)에 대한 점검이 필요하며, 월세인 경우 상업용 부동산과 동일하게 판단하여, 미래에발생 될 수 있는 현금흐름에 항시 대비하여야 한다.

▪ 사업지 가격의 불확실성을 극복하는 방법

투자재로 여기는 주식, 부동산 등을 바라볼 때 동일하게 생각하는 것이 있다. 가격은 낮되 가치는 높아야 한다는 것이다. 그러나 싸고 좋은 부동산을 만나기는 어렵다. 시장가격 대비 가격이 낮은 것은 그만한 요인이 존재하며, 반대로 가격이 높은요인이 존재하기 때문이다. 따라서 가격에 영향을 미치는 요인들을 정확하게 파악하는 것이 중요하다. 여러 사이트를 통해 매물의 다양한 물건 현황을 확인하고, 현장에 나가 요인들을 확인해야 한다. 또한 공부상에 제한사항을 공적장부를 통하여 숙지하고, 현장에서 비교분석하는 것이 중요하다.

① **네이버(카카오) 지도 확인 : 매물 현황 확인**

- 지적편집도 : 용도지역 확인, 대지 모양, 도로 폭, 유무, 경계 등

- 로드맵 : 주변 인프라(교통, 편의시설), 차량 진출입 등

② **토지 이용계획 확인**

- 토지 이용규제 정보서비스(이음 https://www.eum.go.kr), 서울부동산 정보광장

- 지적도, 면적, 용도지역, 규제사항 등을 다시 확인

- 세부사항, 도로 주소

부동산 관련 공적장부를 통하여 법률적 분석을, 현장 확인을 통한 기술적 완료 후 현장에서 수집한 가격 정보를 토대로 원가 분석(경제적)을 해야 한다. 사업의 성패는 손익을 분석을 할 수 있는지에 따라 갈리게 된다. 매입 원가와 매출에 따라 어느 정도의 손익이 생길지 계산해야 한다. 따라서 강남의 목 좋은 요지라도 만약 손익이 불확실하다면 과감히 사업을 접을 용기도 필요하다.

• **부동산 투자 손익 계산 공식**

- 원가 = 토지비 + 공사비(직간접 공사비) + 금융비

- 매출 = 임대소득 + 매각차익

- 손익 = 매출 - 원가

• **부동산 투자 사업성 분석 기준** (상가 투자의 경우)

1. 기획설계로 산출된 임대면적

2. 사업지 주변의 임대시세

3. 사업지를 중심으로 한 거래 사례 및 현재 매물 시세

부동산은 멀리서 넓게,
가까이서 자세히 봐야 한다

이번 장을 통해 우리는 입지를 분석하는 방법과 사업성을 검토하는 방법에 대해 자세히 알아보았다. 이를 간단하게 정리하면 다음과 같다.

우선 입지를 멀리서 넓게 봐야 한다. 앞서 이야기한 광역적인 관점이다. 좁게는 입지를 중심으로 반경 1km 이내의 환경을 확인하고, 도보생활권을 파악해야 한다. 주위에 어떤 편의시설이 있는지 어떤 기피시설이 있는지 파악하고, 교통편 등의 상권

을 분석하는 것이다.

부동산 시장을 멀리서 파악했다면 반대로 가까이서 자세히 봐야 한다. 내가 선택한 입지를 중심으로 주위 상권을 면밀히 파악하는 것이다. 항상 명심해야 한다. 가격 형성의 절대적 기준은 없다. 나만의 기준을 만들어야 한다.

이제 부동산 자체만 보지 말자. 멀리서 넓게 보고, 가까이서 자세히 보고, 주위 환경을 파악하자. 아무리 괜찮은 주상복합이 있다고 해도 바로 옆에 기피시설이 있다면 아무래도 수요에 영향을 미칠 수밖에 없다.

여러분이 투자할 물건은 홀로 존재하지 않는다. 주위 상권을 통해 지역 고유의 특성을 파악할 수 있을 때 비로소 사업에서 성공할 수 있다는 것을 명심하자.

실전 입지 분석 사례

이제 실전으로 들어가 보자. 톱다운(top-down) 분석 방법을 이용한 예시이다. 여러분이 최근 젊은이들의 성지로 뜨고 있는 성수동에 사업 또는 투자를 고려하고 있다고 가정해보자. 가장 먼저 해야 할 일은 성수동의 지역적 특성 요인을 분석하는 일이다. 지역적 특성 요인을 분석하기 위해서는 우선적으로 '2030

준공업지역 종합발전계획'의 '성수지역 계획도'를 봐야 한다.
서울시 준공지역에 대한 방향성을 거시적으로 분석해 놓았다.

성수동하면 어떤 이미지가 떠오르는가? 아마도 서구화의 상
징, 붉은 벽돌 주택지일 것이다. 성수동은 장기간의 행위제한으로
개발이 지연되어 붉은 벽돌로 마감된 건축물이 보존되어 있다.

2030 준공업지역 종합발전계획 성수동 지역 계획도

필자는 지역탐문을 나가기 전 역사적 배경을 살펴본다. 그 지역의 특성은 시간이 만들어 낸 결과물이라는 생각 때문이다. 지역의 역사적 배경을 살펴보고 관심 물건(매물)을 중심으로 동선계획을 수립한다. 관심물건(매물)이 위치한 상권을 먼저 확인 후 '핫플레이스(hot place)' 4곳 이상을 선정 후 방문한다. 핫플레이스를 방문하기 전에 지역에 있는 공인중개사사무소를 방문하여 관심물건(매물)에 대한 탐문, 지역 상권에 대한 정보를 수집한다. 그 지역에 있는 공인중개사사무소가 그 지역에 대한 '전문가'라고 필자는 판단한다. 주의할 점은 여러 곳을 방문하여, 주관적 의견과 객관적 의견을 분별, 데이터화(정보화) 시켜야 한다는 것이다. 물건 분석 시 객관성을 유지해야 하는데, 필자 역시 아직까지도 주관적인 관점의 영향을 받는다. 객관적 사실관

성수동 현장을 직접 뛰며 상권 분석을 한다

계를 통하여 분석하는 습관을 길러야 한다.

　다시 정리해 보면, 지역을 선정하고, 그 지역의 큰 그림(도시기본계획, 종합발전계획 등)을 찾아보고(지방자치단체 홈페이지 활용), 역사적 배경을 살펴본 후, 물건(매물)을 선정, 물건(매물)을 중심으로 상권을 확인, 지역 공인중개사사무소를 방문하여 물건(매물)에 대한 정보 수집 후 '핫플레이스(hot place)'를 방문한다. '핫플레이스(hot place)'를 방문하면 꼭 확인해야 할 사항이 있다. 객당 단가 확인하기 이다. 테이블 수와 메뉴판을 활용하여 시간당 회전률을 대략 예측해 보고, 파트너(종사하시는 분)에게 확인 해 보면 알 수 있다. '일 매출이 얼마나 돼요?'라고 파트너에게 질문하면 답변해 주는 분도 계시지만, '모른다는' 답변을 들을 확률이 높다. 이 부분은 요령껏 해야 한다. 필자 또한 원하는 답변을 듣지 못하는 경우가 많이 있으므로, 실망할 필요는 없다. 객당 단가 정보는 수익성 분석을 하기 위한 기초자료라고 보면 된다. 지역 공인중개사사무소에서 상권의 평균임대료를 확인, '핫플레이스(hot place)'의 객당 단가를 분석해 보면 임차인들의 평균 수익을 가늠해 볼 수 있다. 이 부분을 '왜' 분석해야 하는 것인지 의문이 들 수 있는데, 부동산 투자(사업)를 통해 수익을 창출하려면 반드시 사용자 입장에서 분석해 보아야 한다. 사용자가 임대료를 지급하려면 객당 단가가 중요한 요인으로 작용한다. 투자(사업)자 입장이 아닌 사용자 입장에 바라보고 분석해

봐야 한다. 사용자 입장에서는 고정비(임대료, 재료비, 노무비, 경비 등)를 제외하고 수익이 남아야 지속적으로 운영할 수 있을 것이다. 상업용 부동산은 임대료의 적정성을 파악하는 것이 무엇보다 중요하다. 임대료의 수준이 상업용 부동산 가치평가의 기준이 되기 때문에 지역내 평균 임대료 정보를 객관적으로 확인하는 것이 무엇보다 중요하다. 반면 주거용 부동산의 경우 상품(아파트 평형 등)별로 가격이 형성 되어 있어, 상업용 부동산 보다 임대료 정보수집이 수월한 편이다.

▪ 상권의 생애주기와 젠트리피케이션

성수동처럼 인기 있는 지역에 진입할 때는 높은 수익성을 기대하기 마련인데, 반대로 그만큼 리스크도 높다는 것을 주지해야 한다.

실제로 경리단길, 황리단길, 가로수길, 세로수길 등 핫하다고 소문난 상권의 생명력이 저물고 인근 지역으로 이동하는 경우가 많다. 왜 그럴까?

여러 이유 중 하나는 젠트리피케이션(gentrification)이다. 낙후됐던 구도심이 번성해 수요가 몰리며 임대료(지가)가 상승하게 되면 지역의 변화를 이끈 임차인들이 이를 감당하기 어려워지게 된다. 상권의 인기가 높아져 수요가 커질수록 투자자(사업자)는 비싼 가격에 물건을 매수하게 되고, 수익성을 유지하기 위해 임대료를 올릴 가능성이 커진다.

　손바뀜이 거듭될수록 지역은 고유의 특색과 매력을 잃어버리고 인기가 떨어질 수 있다. 이처럼 인기 있는 지역의 경우 현재의 상권이 언제까지 유지될 수 있을지에 대해서도 고민해 보며 의사결정을 내려야 한다.

CHAPTER

6

콘셉트와 콘텐츠가 부동산의 가치를 결정한다
- 부동산은 살아 움직이는 생물이다
- 무섭게 성장하고 변화하는 도시의 트렌드
- 부동산에 가치를 부여하는 콘셉트와 콘텐츠

부동산 투자에도 기획력이 필요하다

콘셉트와 콘텐츠가
부동산의 가치를 결정한다

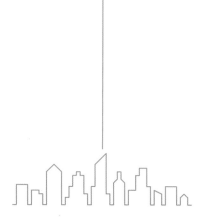

필자는 이 책을 통해 부동산에서 인문학이 얼마나 중요한지 거듭 강조하고 있다. 그러나 여전히 많은 분들이 부동산과 인문학의 연관성에 대해 공감하지 못할지도 모르겠다. 단순히 요즘 뜨는 브랜드, 돈 좀 번다고 소문난 브랜드를 내가 마련할 공간에 들여오면 되는 것 아니냐고 반문할 수도 있을 것이다. 과연 그럴까? 그렇다면 수많은 브랜드 중에서 알짜배기를 구별하는 안목을 갖췄다고 어떻게 확신하는가? 지금 뜨고 있어서? 안타깝지만 극소수의 브랜드를 빼면 대부분의 생명력은 불과 몇 년밖에 되지 않는다. 거듭 강조하지만 이제 건축물은 단순한 공간

이 아니다. 인간의 다양한 욕망을 만족시키느냐 만족시키지 못하느냐에 따라 똑같은 공간도 그 가치가 극과 극으로 달라질 수 있다.

부동산 얘기에서 잠시 벗어나 1980년대 대한민국으로 돌아가 보자. 80년대를 경험하지 못한 독자 분도 있을 테니, 80년대를 간략히 알아보면 당시는 경제 성장률이 10%대인 대한민국 역사상 최고의 활황기였다. 60년대부터 시작된 산업화와 경제 개발이 본격적으로 결과물을 쏟아내며 모두가 잘살기 위해 정말 열심히 일하던 시기였다.

부동산 시장만 놓고 보더라도 주거형 부동산과 비주거형 부동산 모두 발전하는 경제에 맞게 값어치가 하루가 다르게 치솟았다. 그러나 당시의 부동산은 단순했다. 주거용 부동산은 말 그대로 주거가 목적이었다. 일하는 곳은 철저하게 비주거형 부동산으로 나뉘었다. 여러 이유가 있겠지만, 대표적으로 당시는 지금처럼 여가 시설이 많지 않았기 때문이다. 너무 열심히 일하다 보니 놀 시간이 턱없이 부족했다. 자연히 외식문화도 발달하지 않았고 유흥시설도 얼마 없었다. 86아시안게임, 88서울올림픽이 개최되고 우리나라가 본격적으로 세계에 이름을 알리기 시작하며 놀고, 먹고, 즐기는 콘텐츠의 중요성이 점점 부각되었다. 사람들의 주머니가 넉넉해지면서 문화생활에도 비로소 관심을 쏟기 시작한 것이다. 백화점, 쇼핑센터, 영화관들이 곳곳에 들어서고, 외식문화가 발달하며 음식점, 카페를 비롯한 수많은 영업시설들이 생겨났다.

지금은 어떤가? 주거용과 비주거용 부동산의 경계가 빠르게 무너지고 있다. 거주하는 공간에서 일도 하고 쉬고 논다. 거주하는 공간을 나누기도 하고(쉐어하우스), 일하는 공간을 나눠 사용하기도 한다(공유오피스). 공간이 시대의 변화에 맞춰 진화하고 있는 것이다. 이 말은 진화에 적응하지 못한 공간은 멸종, 즉 쇠퇴할 수밖에 없다는 뜻이기도 하다. 또한 이것은 공간만의 이야기가 아니라, 공간을 바라보는 우리의 시각에 대한 이야기이기도 하다.

따라서 이번 장에서는 부동산 개발자의 시선에서 인문학적인 콘셉트와 콘텐츠로 우리가 마련한 소중한 공간을 어떻게 개발할 것인지 본격적으로 고민해볼 것이다.

부동산은 살아 움직이는 생물이다

부동산은 단순한 콘크리트 구조물이 아니다. 부동산은 살아 움직이는 생물이다. 단순한 비유가 절대 아닌 것이 인간이 찾지 않는 공간은 실제로 생명력이 금세 저문다. 단단하던 콘크리트도 불과 몇 년 안에 부서져 내려 흉물, 폐가가 된다. 사람의 숨

결이 깃들어야 비로소 공간 또한 살아 숨 쉬고 생명력을 이어 가는 것이다. 이처럼 공간에는 반드시 인간이 필요하다. 인간이 찾고 싶어 하는 공간을 만들어야 한다는 뜻이다. 그리고 이를 위해서는 상상력, 기획력이 필요하다.

■ 부동산에도 기획력이 필요하다

그렇다면 공간을 상상하고 기획한다는 뜻은 무엇일까? 공간을 어떻게 활용할지 기본 콘셉트를 정하고 그에 맞는 콘텐츠를 입히는 과정을 말한다. 이때 가장 중요한 것이 바로 최종 소비자이다. 나 중심적이 아니라 철저하게 최종 소비자 중심적으로 공간을 기획해야 한다. 내 눈에 멋진 공간이 아니라, 최종 소비자의 마음을 울리는 공간을 창조해야 한다.

이 책을 읽고 계신 분들 중에도 프랑스 파리 루브르 박물관을 관람한 분이 계실 것이다. 세계 3대 박물관 중의 하나인 루브르 박물관의 광장에는 거대한 유리 피라미드가 세워져 있다. 어떻게 보면 고풍스러운 박물관과 잘 어울리지 않는다는 느낌도 주는데, 실제로 1989년 유리 피라미드를 건립할 당시 "파리의 상징물로 부적합하다"고 비판하는 이들도 일부 있었다. 그러나 유리 피라미드는 "파리의 심장에 이집트 피라미드를 심었다"는 찬사와 함께 전 세계 관광객들을 끌어 모으는 대표적인

흉물에서 파리의 랜드마크가 된 루브르 박물관의 유리 피라미드 [출처: 위키피디아]

건축물로 자리매김하고 있다. 역사와 역사를 융합해 보다 나은 미래를 꿈꾼다는 상상력이 맞아떨어진 것인데 정말 획기적이지 않은가!

▪ 상상력은 공간을 바꾼다

멋진 상상력은 이처럼 공간을 완벽히 바꿀 수 있다. 그렇다고 상상력이 전혀 새로운 것, 엉뚱한 것이라고만 생각해서는 안 된다. 오히려 낡은 것, 옛것에 상상력을 불어넣을 수도 있다.

일본의 니넨자카(二年坂)는 일본 교토 히가시야마 구에 위치한 1900년 전후의 일본 풍경을 그대로 보존한 전통가옥과 상

점이 늘어선 거리다. 불과 150여 미터밖에 안 되는 짧은 골목이
지만 이곳이 보존하고 있는 일본 전통문화를 체험하기 위해 방
문하는 관광객이 엄청난데, 특히 눈에 띄는 게 일본 고택을 개
조해 만든 스타벅스 카페이다. 일본의 전통문화와 현대의 커피
문화를 융합시켜 고객들에게 신선한 경험을 제공하고 있는 것
이다.

그렇다면 현재 대한민국 건축물, 공간에는 어떤 상상력이 필
요할까? 어떤 콘셉트와 콘텐츠를 기획해야 가치를 높일 수 있
을까?

다다미방에서 커피를 마실 수 있는 일본 교토의 스타벅스는
교토에서도 가장 핫한 관광지가 되었다

무섭게 성장하고
변화하는 도시의 트렌드

오늘날 건축물과 공간, 거리는 무섭게 성장하며 변화하고 있다. 또한 그만큼 빠르게 쇠퇴하고 있다. 한적했던 거리가 갑자기 뜨기도 하고, 인기가 갑자기 뚝 떨어지기도 한다. 소비자의 인식 변화, 즉 트렌드가 그만큼 빨라지고 있는 것이다.

트렌드는 소비를 주도하고 사회를 변화시키고 있다. 새로운 가치와 취미와 감성을 지닌 소비자를 양산하고 삶에 영향을 주고 있다. 새로운 가치와 새로운 라이프스타일이 공간마저 변화시키고 있는 것이다. 따라서 우리가 공간에 어떤 트렌드를 입히느냐에 따라 공간의 가치가 변하고 건물의 가치에 긍정적인 영향을 미칠 수 있다.

▪ 부동산에도 최신 트렌드가 필요하다

결국 문화가 융합된 창조적인 공간들이 사랑을 받고 있는 현실에서 우리도 트렌드에 민감하게 대응해야 한다. 공간 안에 트렌드를 집어넣어야 한다. 이제까지의 단순한 접근 방식에서 탈피해 내가 어떻게 공간을 변화시킬지 고민해야 한다. 하다못해 집의 인테리어를 바꿀 때조차 나에 맞는 공간을 추구하고 있지 않은가. 어떤 이는 카페 형식으로 바꾸기도 하고, 도서관, 영화관 콘셉트로 집을 바꾼다. 이처럼 공간을 최종 소비자 중심으로 상상해서 새로운 가치를 입혀야 하는 것이다.

한 논문에서 언급했듯 복잡하고 다양한 현상과 더불어 이질적이고 다층적인 특성을 지닌 제품들이 시시각각 출시되고 있는 21세기는 그야말로 트렌드 시대다. 인간의 삶은 생산 지향에서 소비 위주로 변화하였고, 상품을 중심으로 하는 소비적 라이프스타일은 현대 문화의 특성이 되었다. 특히 문화 시스템은 트렌드라는 다양한 톱니바퀴들의 맞물림 속에서 다변화하고 있으며, 생산자 중심의 판매를 위한 상품 위주의 트렌드 홍보 전략은 새로운 가치와 감성, 취향을 지닌 소비자 트렌드를 양산하고, 이는 삶의 방식을 변화시키는 새로운 라이프스타일 트렌드, 즉 문화 트렌드의 변화로 확대되고 있다.

▪ 고객은 언제나 새로운 경험을 찾는다

대한민국에 카페가 얼마나 있을까? 국세청 통계에 따르면 전국의 커피 전문점은 9만463개(2022년 기준)로 10만 개에 가까운 카페가 있는 셈이다. 그리고 매달 20~30개의 새로운 커피 브랜드가 생기고 없어지기를 반복하고 있다.

이처럼 일상에 널린 게 카페인데, 굳이 서울을 벗어나 파주에 있는 카페까지 갈 필요가 있을까? 그러나 '더티 트렁크'라는 경기도 파주의 창고형 베이커리 카페는 2018년에 문을 연 뒤로 평일에도 주차할 공간이 부족할 정도로 꾸준히 사랑을 받고 있다. 왜 더티 트렁크는 인기를 끌고 있을까? 카페의 주인장인 김왕일 대표는 다음과 같이 말한다. "고객들은 언제나 더 극단적이고 새로운 경험을 찾는다."

김 대표는 카페에 '스팀펑크(steam punk)'라는 독특한 콘셉트를 입혔다. 스팀펑크란 산업혁명기인 18~19세기를 배경으로

커피가 아닌 경험을 파는 카페 더티 트렁크 [출처: 더티 트렁크]

그려낸 공상과학소설(Sci-Fi)의 하위 장르를 말하는데, 베이커리 카페에 스팀펑크라는 이질적인 콘셉트가 결합된 순간, 요즘 젊은이들이 열광하는 낯설고 새로운 공간이 탄생한 것이다. 그 결과 새롭고 재미난 비일상적인 경험을 좇는 MZ세대의 이목을 끌며 자연스럽게 바이럴 마케팅으로 이어졌다.

일상을 반복하는 현대인은 비일상적인 특별한 경험을 원하고 있다. "일상이란 죽음으로 가는 지루한 통로다"라는 철학자 자크 라캉의 말처럼 도시에 거주하고 있는 현대인들은 아침 일찍 일어나 열심히 일하지만 반복되는 일상에 지루함을 느낄 때가 많다. 따라서 일상에서 느끼지 못하는 경험을 제공해줄 때 그 공간은 사람들을 끌어들일 수 있다.

그렇다면 현재 대한민국을 이끌고 있는 트렌드는 무엇일까? 트렌드에는 일시적인 트렌드가 있고 장기적인 트렌드가 있다. 우리는 일시적인 현상도 주목해야 하지만, 무엇보다 장기적으로 커다란 변화를 이끌어가는 메가트렌드에 주목해야 한다. 큰 틀에서 일시적인 트렌드를 끊임없이 흡수하며 계속 발전해가야 하는 것이다.

부동산에 가치를 부여하는
콘셉트와 콘텐츠

현재 대한민국을 이끌어가는 메가트렌드를 알기 위해서는 우리 사회의 모습을 정확히 파악할 필요가 있다. 범위를 국한하면 '공간'이 어떻게 바뀌고 있는지를 파악해야 한다.

▪ 공간의 개념은 어떻게 바뀌고 있는가

우선 교통의 발전으로 거리 개념이 급속도로 사라진 것에 주목할 필요가 있다. 대한민국 국토의 대부분이 반나절 생활권에 접어들어 거리 개념보다 시간 개념이 중요시되고 있는 것이다. 어렵게 생각할 필요 없이 서울에서 부산을 간다고 가정했을 때, 두 공간이 얼마나 멀리 떨어져 있는지는 이제 중요하지 않다. 자가용을 끌고 고속도로를 타면 얼마가 걸릴지, KTX를 타거나 비행기를 타면 얼마가 걸릴지 시간을 생각할 뿐이다. 그만큼 교통수단의 발전으로 이동에 대한 편의성이 높아진 것이다. 그로 인해 공간에 대한 제약이 급속도로 줄어들었다.

이런 상황에서 2018년 한 번도 경험하지 못한 초유의 사태가 찾아왔다. 코로나19 팬데믹으로 이동에 대한 통제가 시작된 것이다. 그리고 통제가 강해질수록 일상에서 벗어나고자 하는 욕망이 들끓었다. 갑갑한 도시를 떠나 마스크 없이 편하게 숨을 쉬며 자유롭게 활동하고 싶은 힐링에 대한 욕망이 차오르고 있는 것이다.

또한 직장 생활 역시 급격히 바뀌고 있다. '일과 삶의 균형'을 뜻하는 워라벨(work and life balance)이 직장 생활의 트렌드가 되고 있는 시대에 코로나까지 확산되며 재택근무가 자리를 잡기 시작했다. 최근 이직을 희망하는 경력자를 대상으로 실시한 재택근무 선호도 조사에 따르면 '재택근무가 가능한 기업에 이직하겠다'는 답이 전체의 75%를 차지하고 있을 정도다. 이처럼 과거와 다르게 재택근무 가능 여부가 이직의 중요 사항이 되며 그에 맞게 직장이라는 공간의 개념도 다양하게 재해석되고 있는 것이다. 부동산 사업과 연결 지을 수 있는 현재 우리 사회의 변화를 정리하면 다음과 같다.

1. 자유로운 이동에 대한 욕망

2. 힐링 콘텐츠의 꾸준한 수요

3. 워라벨, 워케이션 - 재택근무의 일상화

▪ 쇠퇴하고 있는 도시의 해결책, 워케이션

여기서는 3번의 워케이션에 집중해보자. 현재 대한민국의 인구는 기형적 분포를 보이고 있다. 서울과 경기도를 포함한 수도권에 인구의 50%가 몰려 있는 것이다. 수도권을 제외한 지방자치단체의 인구 공동화 현상을 막기 위한 노력은 눈물이 겨울 정도다. 아이를 낳으면 고액의 출산 지원금을 지급하고, 전입 인구에 세제를 비롯한 각종 혜택을 주는 등 온갖 노력을 경주하고 있다. 그럼에도 저출산, 고령화로 인한 공동화 현상은 더욱 급속해지고 있을 뿐이다.

이런 상황에서 지방 도시들이 주목하는 것이 일상에서 벗어나 비일상을 경험하고자 하는 도시인들의 힐링에 대한 욕구다. 실제로 몇 년 전부터 '일주일 살이', '한달 살이'처럼 자연이 잘 보존된 지역에 장기 거주하는 이들이 늘고 있다. 이들은 일정 기간 동안 숙박 시설을 이용하거나 아예 세컨드 하우스를 마련해 주기적으로 방문함으로써 해당 지역의 '관계인구'가 된다. '정주인구'의 유출에 골머리를 앓고 있는 지방자치단체들 입장에서는 관계인구의 증가가 반가울 수밖에 없기에, 앞다퉈 특색 있는 축제를 기획하고 여행상품을 개발하고 있는 것이다.

이런 힐링 트렌드에서 한 걸음 더 나아간 것이 워케이션(workacation)의 등장이라고 할 수 있다. 일과 휴가를 더한, 힐링에 워라벨을 접목한 개념으로 휴가지에 숙소와 오피스를 마련하는 새로운 업무방식이 등장한 것이다.

이처럼 공간에 대한 제약이 줄어들고, 일은 반드시 회사에서

해야 한다는 고정관념의 파괴로 재택근무가 늘어나고, 일과 휴식을 동시에 만족시키는 워케이션의 증가라는 트렌드를 보며 부동산 투자자라면 이러한 현재의 트렌드를 어떻게 활용할지 깊이 고민해볼 필요가 있다. 동시대의 일상적인 생활양식을 깊이 들여다보고, 그에 대한 대척점으로서 비일상적인 경험의 욕구를 충족시킬 수 있는 트렌드로 공간을 기획할 수 있다면 충분한 경쟁력을 가질 수 있는 것이다.

현재의 트렌드에 맞는 콘셉트와 콘텐츠로 소비자들의 주목을 받고 있는 사례들을 구체적으로 도심과 비도심을 분리해 살펴보자.

▪ 도심 속 비도심 전략

'더현대 서울'은 2021년 개점해 1년 만에 매출 8,000억 원이라는 국내 백화점 첫해 매출 신기록을 달성했다. 흥미로운 것은 더현대 서울이 기존의 백화점이 추구하던 공식을 과감히 탈피했다는 것이다. 우선 전체 영업 면적(8만9100㎡) 중에서 매장이 차지하는 면적이 51%에 불과하다.

기존 백화점 인테리어는 제한된 면적 안에 매출을 발생시킬 수 있는 매장을 최대한 넣는 것을 중시했지만, 더현대 서울은 국내 최초로 직접 매출이 발생하지 않는 고객 휴게 공간(정원, 갤

러리 등)으로 전체 면적의 절반가량을 사용한 것이다. 특히 5층에 위치한 사운드 포레스트(실내 공원)의 면적만 3,300㎡에 달해 자연 채광과 함께 빌딩 숲에서 진짜 숲속에 들어간 느낌을 고객에게 선물하고 있다.

더현대 서울이 추구하고 있는 전략은 최근 주목받고 있는 '리테일 테라피' 전략이라고 할 수 있다. 리테일 테라피란 소비자들이 쇼핑 과정에서 경험하는 모든 것들을 통해 힐링하고, 그 과정이 좋은 기억으로 남아 재방문하도록 만드는 것을 의미한다. 즉, 더현대 서울은 쇼핑을 통한 치유, 힐링의 개념을 끌어들여 매출이 줄어들 거란 걱정과 반대로 매출을 높일 수 있었던 것이다.

도심 속 비도심 전략의 성공 사례 더현대 서울

또한 더현대 서울은 두터운 2030 팬층을 보유한 애니메이션 캐릭터, 세계적으로 인기있는 게임이나 코미디언 등 이색적인 팝업스토어를 통한 다양한 브랜드와의 콜라보레이션을 꾸준히 진행하고 있다. 최신 유행에 민감한 2030 젊은 세대를 이색 매장에 끌어들여 쉬고, 놀고, 먹고, 즐길 수 있는 모든 것을 제공하고 있는 것이다.

이런 다양한 노력의 결과, 더현대 서울은 백화점 반경 10km 안에 위치한 강남, 인천, 부천의 광역권 인구까지 끌어들이며 국내 백화점 역사상 가장 빨리 1조 클럽에 가입할 전망이다.

이 외에도 소비자 만족을 최우선으로 하는 쇼핑업계의 전략은 곳곳에 발견된다. 롯데그룹이 경기도 의왕에서 운영하고 있는 프리미엄 아울렛도 주목해볼 만하다. 이곳은 쇼핑객을 쇼핑으로 끌어들이는 것이 아니라 가족이 함께 소풍을 즐기며 휴식을 취하고, 재밌는 볼거리도 제공하는 복합 문화 공간으로 주목받고 있다.

결론은 우리도 이런 기획을 할 수 있어야 한다는 것이다! 도심이라고 꼭 도심에 어울리는 기획만 필요한 것이 아니다. 오히려 도심에 비도심의 요소를 집어넣어 고객의 호기심을 자극할 수 있다.

▪ 인스타그래머블

독자 분들 중에도 '인스타그래머블(instagramable)'이란 신조어를 알고 계신 분이 있을 것이다. 인스타그래머블이란 전 세계적인 사진 공유 SNS인 인스타그램(Instagram)과 '~할 수 있는(able)'가 합쳐진 단어로 '인스타그램에 올릴 만한'이란 뜻을 가지고 있다. 인스타그램에 자신의 일상을 올리고 공유하는 젊은 이들의 문화가 소비의 기준이 되고 있는 것이다. 실제로 젊은층의 구매력에 크게 의존하는 하고 쇼핑, 외식업계에서는 인스타그래머블이 최우선 마케팅 요소로 자리 잡고 있다.

안국동에 소재한 베이커리 카페 '런던 베이글 뮤지엄'은 오전 8시에도 오픈에 맞춰 하루 평균 100명이 웨이팅하는 모습이 목격된다. 대기시간이 보통 2시간이 넘게 걸리는데도 고객들은 개의치 않는다. 우리나라 사람들이 언제부터 베이글을 사람이 이렇게 좋아했을까 궁금증이 일 정도다.

그들에게는 맛도 맛이지만, 런던이란 콘셉트가 중요한 것이다. 마치 해외여행 중에 런던의 베이커리를 방문한 착각이 들 정도의 이국적인 인테리어와 감성이 젊은 고객들을 끌어들이고 있는 것이다. 이처럼 베이커리에 입장해 베이글을 구입하면서 인스타그램에 올린 그들의 사진은 또 다른 젊은이들을 끌어들이고 있다. '인스타그램을 보고 궁금해서' 자연스럽게 바이럴 마케팅으로 이어져 입소문이 퍼지게 된 것이다.

런던 베이글 뮤지엄은 콘셉트와 기획력이 돋보이는 성공 사례다

MZ세대 사이에서 핫한 '노티드'도 마찬가지인데, 노티드 브랜드 운영사의 대표가 한 매체와의 인터뷰에서 했던 말을 보자.

"고객들이 매장에서 음식만 즐기는 게 아니라, SNS에 인증샷도 남길 수 있도록 트렌디하고 힙한 공간 구성을 만들려고 노력했다. ……나는 장사꾼이 아닌 창작자가 되고 싶다."

노티드 대표의 말처럼 우리 역시 단순한 장사꾼 마인드에서 공간 안에 어떤 가치를 창출할지 고민하는 창작자의 마인드를 갖춰야 한다.

■ 비도심 부동산 기획 전략

도심에서 비도심 전략으로 성공했다면, 비도심은 어떤 전략이 좋을까? 부동산 투자 경쟁이 치열한 도심보다 진짜 알짜배기는 오히려 비도심에 숨어 있을 수도 있다. 우리가 공간을 어떻게 바라보는가에 따라 부동산의 가치는 완전히 달라진다.

단양8경으로 유명한 충북 단양은 아무도 찾지 않는 산꼭대기에 패러글라이딩 체험장을 만들어 전국의 관광객을 끌어들이고 있다. 산꼭대기에 패러글라이딩이라는 이색 체험을 할 수 있는 놀이터를 만든 것이다.

경남 남해군에는 전국에서 뷰가 가장 좋은 운전면허시험장이 있었다. 그러나 인구가 줄어들며 자연히 면허시험을 보는 인원도 줄어들어 운전면허학원은 폐업을 할 수밖에 없었는데, 이 버려진 공간을 '오션뷰 카트 체험장'으로 탈바꿈시켜 고객을 끌어들이고 있다.

경기도 남양주의 낡은 창고를 인수해 카페를 런칭한 대표는 사진작가 출신으로 본업을 살려 카페에 스튜디오 개념을 끌어들였다. 손님들에게 마치 발리 휴양지에 여행을 온 느낌을 선물하는 카페는 패션잡지, 쇼핑몰 등의 야외 촬영장으로 각광받고 있다. 그 결과 남양주 외곽의 버려졌던 창고는 많은 사람들이 찾는 명소가 됐다.

비도심에 개성 있는 콘텐츠를 끌어들여 도심 못지않게 성공한 사례는 이처럼 의외로 많다. 하지만 잘못된 콘텐츠 기획은 성공은커녕 막대한 손실을 기록할 수도 있다.

2007년에 히트한 드라마 '태왕사신기'를 기억하는가? 당대 최고의 작가와 배우들의 출연과 함께 430억이라는 엄청난 제작비를 투입한 드라마는 30%가 넘는 시청률를 기록했다. 문제는 제작사가 제주시와 공통 투자해 세운 거대한 세트장이었다. 드라마가 흥행하면 국내 관광객은 물론이고 일본을 비롯한 해외 관광객들까지 몰려와 큰 수익을 올릴 거라 예상하고 과감히 투자를 진행한 것이다. 실제로도 드라마의 성공에 힘입어 세트장은 한동안 인기를 끌었다. 그러나 드라마가 종영되고 얼마 못 가 관광객 수요가 급감하기 시작했고, 흉물로 전락한 세트장은 막대한 빚을 남기게 되었다. 드라마는 흥행했지만 제작사는 무리한 문화콘텐츠사업으로 위기에 빠지고 만 것이다.

이처럼 '특정 테마'와 관련된 사업은 인기의 연속성이 어디까지인지 불확실하다는 리스크를 안고 있음에도 불구하고 지금도 여러 곳에서 새로운 사업이 벌어지고 있다. 지방자치단체로서는 놀고 있는 값싼 유휴 부지를 제공해 큰 수익을 얻을 수 있다는 유혹에 빠지는 것이다. 그러나 특정 테마를 이용한 사업은 마치 한철 장사와 같아서 해당 콘텐츠에 대한 인기가 꺼지는 순간 사업성이 떨어질 수밖에 없다.

▪ 돈 버는 공간은 결코 멀리 있지 않다

이제까지 비도심 개발의 성공 사례와 실패 사례를 살펴보았다. 돈을 버는 콘텐츠는 결코 멀리 있지 않다. 다만 우리가 놓치고 있는 것뿐이다. 런던 베이글 뮤지엄이나 노티드에 가서 인스타그램에 올릴 사진을 찍고, 카트 체험장에 가서 재밌게 노는 데서 그치면 안 된다. 개성 있고 흥미로운 콘텐츠로 고객을 끌어들이고 있는 공간을 만난다면 공부해야 한다. 공간을 꾸민 기획 의도를 고민하고 우리의 공간에 어떻게 벤치마킹할 수 있는지 공부해야 한다. 그때 우리도 새로운 콘텐츠를 기획하는 창작가가 될 수 있는 것이다.

▪ 부동산 투자자는 공간 기획자가 되어야 한다

부동산 투자자는 공간을 기획하는 예술가가 되어야 한다. 시대의 메가트렌드를 관찰하고 그에 맞게 공간을 기획해야 한다. 그러나 여기서 그쳐서는 안 된다. 한 걸음 더 나아가 트렌드를 반대로 해석하는 창조적인 파괴도 필요하다.

강원도의 양양, 삼척, 고성 사례도 마찬가지다. 여러분이 직접 개발을 한다고 가정해보자. 먼저 사업성 분석을 할 텐데 양양 중에서도 가장 핫한 곳을 찾아 상권을 분석할 테고, 아마도 젊은이들이 가장 붐비는 바닷가 근처 상업시설에 투자를 할 것이다. 그러나 실제로 강원도 바닷가의 변화를 캐치하고 재빨리 투자해 큰 수익을 벌어들인 곳은 펜션이나 게스트하우스 같은 생활형숙박시설이었다. 숙박시설이 부족해질 거라는 예측을 했던 것이다.

여기서 한 번 더 사고를 확장해보는 것도 재미있을 것 같다. 만약 이 해변의 파티문화를 거꾸로 도심으로 가져오면 어떨까? 실제로 3년 전에 필자는 가로수길에 풀빌라 사업을 기획한 적이 있었다. 건물주의 거듭된 매도가 인상 요구에 결국 사업을 접을 수밖에 없었지만 만약 실행했다면 큰 성공을 거뒀으리라 예상한다.

필자의 경험담을 하나 소개해보자면, 2021년 지인이 연남동에 도시형생활주택을 신축해 분양 예정이었다. 그러나 결과는 실패였다. 답을 찾지 못해 내게 컨설팅을 의뢰했고, 필자는 한 달 만에 전체 임대 계약을 완료했다. 왜 분양에서 임대로 계획을 변경했을까?

당시 연남동 일대의 많은 주거용 시설이 상업용 시설로 용도변경 되어 수요에 비해 공급이 부족한 실정이었다. 우선 임대 계약을 통해 현재 거시경제 상황(금리 인상에 따른 금융비용 증가)을 극복하고 3~4년 후 지역 특성에 맞는 공간 계획으로 매각을 진행할 예정이다. 사업 구조의 방향성을 어떻게 짜는지에 따라서 결과가 완전히 달라진 것이다. 이처럼 거꾸로 생각하는 방식도 필요하다.

CHAPTER

7

사업가의 눈으로 부동산 정책을 보면 미래가치가 보인다
■ 부동산 정책이 나에게 미치는 영향
■ 역대 정부의 부동산 정책
[더 알아보기] 사례로 알아보는 세제 정책과 금융 정책

부동산 정책, 어떻게 바라볼 것인가

사업가의 눈으로
부동산 정책을 보면
미래가치가 보인다

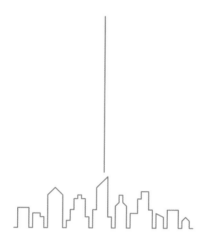

이번 장에서는 현 정부를 포함해 역대 정부의 다양한 부동산 정책을 살펴볼 예정이다. 정부의 부동산 정책은 크게 규제 또는 완화로 나눌 수 있는데, 변화하는 시장 상황에 따라 정부의 정책 기조가 구체적으로 어떻게 달라졌는지를 살펴보고, 그에 따라 투자자에게 어떤 영향을 미칠 수 있는지를 알아보며 시장 흐름에 어떻게 대처해야 하는지에 대해 알아볼 예정이다.

우선 정부 정책의 가장 큰 특징은 전국에 동일하게 적용된다는 점이다. 말 그대로 일괄 규제가 원칙이다. 그러나 일괄 규제라고 개인에게도 똑같은 영향을 미치는 것은 전혀 아니다. 자

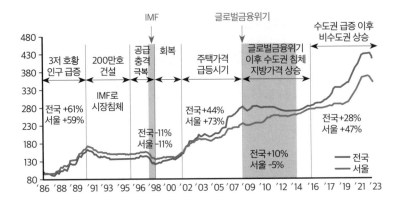

서울 주택매매가격지수 장기 추이 (1986년~2023년)

신이 처한 상황에 따라 다르게 영향을 받기 때문이다. 따라서 정책의 변화에 따라 본인의 상황을 면밀히 파악해야 한다.

1986년부터 2023년까지 서울 주택매매가격지수를 그래프로 정리한 자료다. 필자가 처음 부동산 시장에 뛰어들었던 2001년을 보면 아직 IMF 사태의 여파에서 벗어나지 못해 부동산 시장도 불황기임을 알 수 있다. 그럼에도 필자는 시장의 흐름, 가격 형성 요인, 국내외 경제 상황, 정부의 부동산 정책 방향에 전혀 무관심했다. 필자가 집중했던 것은 단 하나, 가격뿐이었다. 필자가 열심히만 하면 무조건 성공할 거라는 근거 없는 자신감에 차서 경매에 참여했고 알다시피 고난이 시작됐다.

만약 당시 시장의 흐름을 예측할 수 있는 나만의 객관적 기준이 있었다면 어땠을까? 경매 대신 종자돈을 지속적으로 모았을 테고, 그랬다면 2005년부터 시작된 가격 폭등 시기에 큰 성과를 낼 수 있었을지도 모른다.

그렇다면 현재 정부의 부동산 정책은 어떨까? 2022년 8월 윤석열 정부는 '국민 주거안정 실현방안'을 발표하며 공급 위주의 정책으로 전환하겠다고 공식 발표했다. 이전 정권에서 쏟아낸 다양한 규제가 부동산 시장을 과도하게 위축시키고 있다고 판단한 것이다. 물론 정부 정책이 부동산 시장에 어떻게 작용할지는 앞으로 두고 봐야 할 것이다. 전 정부가 규제 정책을 쏟아내고도 부동산 폭등을 막지 못했던 것처럼 정부 정책이 항상 의도한 대로 움직이지 않기 때문이다.

부동산 정책이 나에게 미치는 영향

우리나라 정부는 정책을 통해 부동산 시장에 개입하고 있다. 특히 부동산 정책에 있어서는 '주택 시장 안정화' 목표를 위해 적극 개입하고 있다. 따라서 개인 투자자들은 정부의 정책에 따른 시장의 흐름을 파악하고 객관화시켜야 한다. 현재 정부의 정책이 자신에게 어떤 기회를 줄 수 있을지 적극적으로 알아야 한다는 뜻이다.

■ 정책 때문에 날벼락 맞을 뻔한 이유

필자가 실제로 겪은 사례를 통해 정부 정책이 어떻게 영향을 미치는지 살펴보자. 필자는 주로 경과년수가 보통 20년 이상인 낡은 빨간 벽돌 주택을 매입해 멸실한 뒤, 재건축(신축)을 통한 수익을 창출하고 있다.

그런데 2020년 고가주택 LTV(주택담보대출비율) 규정이 바뀌며 갑자기 사업에 제동이 걸린 적이 있었다. 당시 필자는 주택을 매입한 뒤 재건축(신축)하기 위해 금융기관과 PF(project financing) 사전 조율을 끝마친 상태였다. 당연히 금융기관에서 사업에 전혀 문제가 없다는 사전 심사 결과를 받은 뒤였다. 그런데 느닷없이 정부에서 내가 매입한 주택이 고가주택에 해당되어 LTV 0%에 적용되니 대출이 불가능하다는 통보를 했다. 마른하늘에 날벼락이었다.

당시 정부는 15억 이상의 아파트를 '초고가 아파트'로, 9억 이상의 주택을 '고가주택'으로 지정하고 LTV를 적용했다.

사업지에 들어간 돈만 수십 억이 넘었다. 만약 은행에서 심사가 부결되면? 자칫하면 사업이 부도가 날 수도 있는 상황이었다.

필자는 담당자를 찾아 내가 하는 사업은 주택이 필요한 게 아니라고 주장했다. 낡은 주택을 구입하는 것은 당연히 토지에 재건축(신축)하기 때문이니 일괄적 규제를 적용하는 것은 불합리하다고 주장한 것이다. 실제로 은행업감독규정 제2-1호를 봐도 내 주장이 맞았다. 그럼에도 회신받은 내용은 충격적이었다. 주택이 멸실 예정임을 입증하더라도 규정상 LTV를 적용하겠다는 것이었다. 왜 이런 어처구니없는 상황이 벌어졌을까?

당시 정부의 정책 때문이었다. 주택시장안정화대책으로 갭투자를 차단하고 투기 수요를 근절하고, 맞춤형 대책, 실수요자 보호라는 정책을 밀어붙이다 보니 이와 같은 상황에 황당한 일이 생긴 것이다. 앞서 이야기했다시피 정부의 정책은 일괄 규제다. 각 개인의 상황을 일일이 고려하지 않기 때문에 규제에 해당하면 한순간 파산할 수도 있는 것이다.

이처럼 정부의 새로운 정책이 나올 때마다 투자자는 민감하게 대응해야 한다. 나와는 상관없는 일이 절대 아닌 것이다. 당시 어느 금융기관에서 PF 승인 조건으로 15% 올인코스트(all-in cost, 취급수수료, 이자율 등을 포함한 총 비용)를 제시했는데, 그 조건이라면 수익이 제로였다.

이후 필자는 상급기관 금융감독원에 유권 해석을 신청했다. 하지만 금융감독원에서는 "1) 은행업감독규정에서는 주택매매사업자가 주택을 신규건설하여 판매하는 경우 해당 신규 건설 주택을 담보로 최초로 취급하는 주택매매업대출에 대해서는 담보인정비율(LTV) 규제를 적용하지 않도록 하고 있지만, 2) 정부 정책 때문에 주택이 멸실 예정임을 입증하는 경우라도 규정상

LTV를 상회하는 대출을 불가하다"고 답변을 받았다. 1)과 2) 두 내용이 상충되니 논리가 안 맞는다는 내 주장에 담당 사무관 조차도 이해할 수 없다고 했지만, 위에서 내려온 지시사항이라 어쩔 수가 없다는 반응이었다. 정부의 정책대로라면 아예 현금 으로만 토지를 매입해 재건축(신축)할 수밖에 없었다.

정부의 부동산 정책의 가장 큰 목적은 '주거 안정'에 있다. 그리고 이를 위해 크게 거래, 금융, 세제, 공급이라는 4가지 요 소에 집중하고 있다. 부동산 거래 신고, 자금 출처 소명, 토지거 래허가구역 지정 등 거래 규제에 관한 사항과 금융, 세제는 개 인 상황에 따라 그 적용이 천차만별이기에 민감하게 살피고 상 황에 맞게 대응해야 한다. 필자가 겪은 사례처럼 현장에서는 시 행령을 잘못 적용해 난관에 부딪치는 일도 비일비재하기 때문 이다. 이처럼 부동산 정책이 나에게 어떻게 영향을 미치는지를 알고 있어야 한다.

일반적으로 규제 정책은 시장의 과열을 막기 위한 주택(가격) 안정화 대책이 주가 되고, 완화 정책은 침체된 시장을 회복하기 위한 적극적인 경기 활성화 대책이 주가 된다. 따라서 정책 변 화에 따른 시장 흐름을 면밀히 관찰해야 한다.

역대 정부의 부동산 정책

이번에는 1998년부터 현재까지 정부의 부동산 정책이 어떻게 변해왔는지 알아보자.

▪ 김대중 정부(1998~2003, 완화)

김대중 정부를 이야기할 때 IMF 외환위기를 빼놓고는 설명이 불가능하다. IMF가 우리 정부에 요구한 정책은 크게 다음 5가지로 말할 수 있다.

1. 긴축재정
2. 기업 및 금융기관 부실 처리
3. 금융개혁법안 조속 처리
4. 대기업 체질 개선
5. 외국인에 대한 자본시장 개방

다섯 번째 항목을 주목하자. 외국인에 대한 자본시장 개방은 우리나라의 부동산 시장에 해외 부동산 시장의 선진 금융기법이 도입되는 계기가 되었고, 이는 시장에 큰 변화를 일으켰다. 당시 막대한 자금력을 가진 외국자본이 가장 먼저 간 곳이 강남 테헤란로였다. 금융기관이 부실 처리돼 흡수 합병되면 금융기관이 보유 중이던 자산과 부실채권을 매각하게 되는데, 당시 국내에서는 이를 매입할 자본이 없었기에 외국자본이 집중적으로 담보부부실채권을 집중 매입한 것이다. '하나은행 인수'로 유명한 론스타 역시 한국에 들어와 가장 먼저 한 것이 강남 파이낸스센터의 부실채권을 인수한 것이었다. 이때부터 본격적으로 부동산과 금융의 상관관계가 더욱 강력해지기 시작했다.

김대중 정부는 경기침체와 자산가치의 급락을 막기 위해 다음과 같은 부동산 정책을 펼쳤는데, 당시의 부동산 정책은 유사한 현재 상황을 어떻게 대처해나갈지에 대한 시사점이 굉장히 크다.

• 김대중 정부의 주택 경기 활성화 대책

- 분양권 재당첨 금지 기간 단축

- 청약조건 제한 완화

- 주택매입 시 5년간 양도소득세 면제

- 분양가 자율화

- 취득세 감면

- 토지거래허가제 및 신고제 폐지

- 분양권 전매 허용

- 토목, 건설을 통한 경기 부양

인천국제공항의 건설을 위한 토지 수용 보상은 1991년부터 2001년까지 진행됐고 대규모의 토지를 수용하며 토지 소유주들에게 막대한 보상을 했다. 하지만 당시 외환위기로 부동산 지가는 바닥을 찍은 상황이었고, 이율이 20% 가까이 되는 은행이라는 안전한 투자처가 있기에 부동산 시장으로 유동성이 고스란히 몰리지는 않았던 것으로 보인다.

그러나 불과 몇 년 뒤 반전이 일어난다. 노무현 정부 때 판교 신도시(2조 5천억)와 영종 하늘도시(4조 3천억) 토지 수용 보상금만 도합 6조 8천억이 풀렸는데, 취득세, 양도세 감면에 따라 보상금이 은행이 아닌 다시 토지로 몰린 것이다. 많은 토지 수용자들이 보상금으로 다시 토지를 매입했다. 이처럼 국가 주도 개발사업에 따라 엄청난 유동성이 시중에 풀리게 되며 경기가 활성화되는 효과가 발생했다.

현재는 3기 신도시가 개발되고 있는데, 2022년 전국적으로 예상됐던 토지 보상 규모만 32조 원에 달한다. 상상도 못할 금액이 풀릴 예정인 것이다. 더욱 놀라운 사실은 이게 끝이 아니라 국가 사회간접자본(SOC)사업까지 합하면 48조가 넘는다는 것이다. 그렇다면 이 막대한 자금들이 어디로 갈까? 100퍼센트 확신하지는 못해도 다시 부동산으로 상당량이 움직일 거라는 것만큼은 분명하다. 따라서 현재의 부동산 불황에 대해 장기적이다 단기적이다 많은 예측이 쏟아지고 있는데, 시중에 풀릴 엄청난 유동성이 앞으로의 부동산 시장이 어떻게 흐를지 예측할 충분한 단서가 되리라 생각한다.

■ **노무현 정부(2003~2008, 규제)**

김대중 정부가 위축된 부동산 시장의 긴장을 완화하기 위해 취득세 감면을 비롯한 규제 완화 정책을 펼쳤다면, 노무현 정부는 반대로 다양한 억제 정책을 실시하였다. 공급을 규제한 것이다. 2002년 서울 집값이 30% 넘게 오를 정도로 높은 상승률을 기록했기 때문이다. 결국 노무현 정부는 주택가격 안정 대책을 시행할 수밖에 없었는데, 당시 전국 대부분을 투기과열지구로 지정하며 다양한 규제 방안들을 도입했다. 지금까지 이슈가 되고 있는 종합부동산세도 이때 최초 도입되었는데, 결과적으로 주택 공급량이 줄어들며 부동산 가격이 정부의 의도와 다르게 올라가는 현상이 벌어졌다.

• **노무현 정부의 주택 가격 안정 대책**

- 실거래가격 신고제(등기사항전부증명서 기재)

- DTI(총부채상환비율) 도입

- 재건축 규제

- 다주택자 양도소득세 중과

- 분양권 전매 금지

- 재건축단지 중소형 의무건설비율 도입

- 1가구 1주택 비과세 요건 강화

- 종합부동산세 도입

- 재건축 용적률 상향분 25% 임대주택 건설 의무

- 투기지역 LTV 규제 강화

- 재건축초과이익환수제 도입

■ **이명박 정부(2008~2013, 완화)**

이명박 정부의 부동산 정책을 살펴보기 위해서는 금융위기를 빼놓을 수 없다. 전 세계적인 금융위기로 우리나라 역시 피해를 입었고, 부동산 시장도 큰 타격을 입었다. 이런 외부적인 요인에 이명박 정부의 보금자리주택사업은 부동산 시장을 얼어붙게 만들었다. 보금자리주택이 시중 분양가보다 낮게 분양되니, 민간건설사들이 분양사업에서 한발 물러선 것이다. 이미 국민들의 주택 가격에 대한 눈높이가 보금자리주택 분양가에 맞춰져 있었기 때문이다. 이처럼 이명박 정부에서는 집을 사면 망한다는 인식이 퍼질 만큼 시장 참여자들이 심리적으로 위축된 상태였고, 이를 완화시키기 위해 전임 정부에서 시행한 각종 규제를 풀고 주택 공급을 늘리기 위해 노력했다.

• 이명박 정부의 주택 경기 대책

- 취득세 감면

- 양도세율 완화

- LTV 규제 완화

- 재건축 재개발 절차 간소화

■ 박근혜 정부 (2013~2017, 완화)

전임 이명박 정부 시기의 줄어든 공급 물량을 다시 확대하기 위해 금리를 인하하고, 양도세를 감면해주는 등 다양한 세제와 금융 정책을 펼치며 각종 규제를 완화했다.

당시 박근혜 정부의 대표적인 메시지가 바로 "빚내서 집 사라!"였다.

• 박근혜 정부의 주택 경기 대책

- 금리 인하

- DTI 및 LTV 규제 완화

- 양도세 감면

- 취득세율 인하

■ 문재인 정부 (2017~2022, 규제)

참여정부의 부동산 정책을 계승한 문재인 정부는 '부동산에서 생기는 이익은 불로소득'이라고 정의하며, 박근혜 정부에서 오르기 시작한 부동산 가격을 잡기 위해 각종 세제, 금융, 거래에 관한 엄청난 규제를 쏟아내기 시작했다. 그러나 2019년부터 시작된 코로나19로 인해 시장에 대대적인 자금이 풀렸고, 결과적으로 유동자금들이 부동산 시장으로 흘러 들어가며 큰 폭의 가격 상승이 일어났다.

• 문재인 정부의 주택 경기 대책

- 양도세 중과
- 종합부동산세 강화
- 대출규제 강화 (LTV 강화, DSR 도입)

■ 대한민국 부동산 정책의 주요 방향성

지금까지 알아본 것처럼 우리나라의 부동산 시장의 역사는 크게 보면 '가격 안정화 대책'과 '경기 활성화 대책'이라는 정반대 정책을 번갈아 시행하며 이뤄진 결과물이라고 할 수 있다. 그러나 두 정책 모두 공통적으로 추구하는 목표가 있는데, 바로 '서민 주거 안정, 부동산 시장 안정화'이다.

현 정부가 경기 활성화 정책을 펴면서도 전 정부의 규제 정책을 한꺼번에 풀지 못하고 시장의 반응을 긴밀히 살피며 조심스레 완화하는 건 최대한 부동산 시장의 안정화를 꾀하기 때문이다. 국민이 원하는 지역에 주택 수요를 충족시키기 위해 '역세권을 중심으로 한 도심 복합 개발'을 이야기하고 있는 이유도 여기에 있다. 여기에 정부의 정책에 발맞춰 서울시에서 적극 추진하고 있는 것이 '소규모주택 정비사업'이라고 할 수 있다.

최근 내가 주목하는 것은 청약시장이다. 당연히 고분양가는 주의해야 하지만, 합리적인 분양가임에도 불구하고 미분양된 단지를 주목해보는 것도 나쁘지 않다고 생각하는 것이다. 그동안은 청약점수로 청약에 성공하는 게 굉장히 힘들었는데, 지금처럼 분양 시장이 침체된 시기에는 청약점수에 상관없이 분양을 받을 수 있기 때문이다. 지금 청약을 시작하는 곳은 3~4년 뒤에 입주를 시작하는데, 그동안 금융계획을 잘 세워 버틸 수 있다면 예전에는 포기할 수밖에 없었던 정말 괜찮을 매물도 충분히 공략할 수 있을 것이다.

결론적으로 우리는 부동산 시장에 순응하고 편승해야 한다. 강조하는데, 현재의 부동산 시장을 너무 부정적으로 바라볼 필요는 없다. 단지 어느 수준으로 규제를 완화하느냐에 따라, 그리고 그 시점에 자신이 처해있는 상황에 따라 결과에 차이가 있을 뿐이다.

사례로 알아보는
세제 정책과 금융 정책

과거 사례를 비추어 봤을 때 세법과 금융 정책은 매년 개정된다고 보아야 하며, 특히 세무 관련 법률은 개정을 거치며 복잡해져 일반인들이 개개인의 상황에 맞게 완벽히 파악하는 것이 불가능에 가까워졌다. 그렇기 때문에 반드시 전문 자격사의 조언이 필요함을 명심해야 한다.

A씨는 5개 층의 근린생활시설을 법원 경매를 통해 2021년 7월 2일 10억 원에 낙찰, 소유권 이전하였다. 이후 용도변경을 거치지 않고 2층부터 5층을 주거용 시설로 변경, 임대하였으며 본인은 5층에 거주하다가 2년 후 15억 원에 매각하였다.

1. 취득원가는 얼마일까?

계산의 편의상 이전비용 등의 필요경비를 제외한 순수비용은 다음과 같다.

취득원가 10억 4,600만 원

= 낙찰가액 10억 × 취득세율 (4.6%, 4,600만 원)

2. 양도차익은 얼마일까?

양도차익 4억 5,400만 원

= 매매가격 15억 − 취득원가 10억 4,600만 원

3. 양도소득세 신고는 어떤 기준으로 해야 할까?

A씨는 2층부터 5층까지 주거용 시설로 이용했지만 용도변경은 따로 하지 않았다. 여기서 문제가 발생한다. 일단 근린생활시설인데 주택으로 사용해도 되는지 궁금할 것이다. 이에 관련해서는 소득세법 제88조 제7호에 나온다.

소득세법 제88조 제7호
7. "주택"이란 허가 여부나 공부상의 용도구분과 관계없이 사실상 주거용으로 사용하는 건물을 말한다. 이 경우 그 용도가 분명하지 아니하면 공부상의 용도에 따른다.

여기서 허가 여부와 관계없다는 것은 무슨 뜻일까? 일례로 무허가도 괜찮다는 뜻이다. 주택으로 사용하면 주택이고, 근린생활시설로 쓰면 근린생활시설로 본다는 뜻이다. 즉 실제 사용하는 용도만 보겠다는 뜻이다.

4. 1가구 1주택 비과세 규정이 적용가능할까?

2022년 1월 1일 이전 세법에서는 "겸용주택의 1세대 1주택 비과세 규정을 적용함에 있어서 하나의 건물이 주택과 주택 외 부분으로 복합되어 있는 경우와 주택에 딸린 토지에 주택외의 건물이 있는 경우에는 그 전부를 주택으로 본다"라는 규정이 있었다.

그러나 2022년 1월 1일 이후 고가 겸용주택(실제거래가액이 12억 원을 초과)을 양도하는 경우에는 주택 면적이 주택 외 부분 면적보다 큰 경우 주택 부분만 주택으로 보고 양도차익 및 장기보유특별공제액을 계산하는 것으로 변경되었다.

앞서 설명을 보면 2~5층은 주거용 시설로 사용하고 1층은 업무용시설로 임대를 했다. 그러면 1가구 몇 주택으로 신고해야 할까? 본인이 거주하는 곳은 5층이었다. 따라서 1가구 4주택이다.

그런데 이게 왜 4주택일까?

등기상으로 보더라도 등기가 토지와 건물로 되어 있기 때문에 집합건물이 아니다. 5개 층 건물 중 주택으로 사용한 4개 층에 주목하여야 한다.

건축법 시행령 별표1에 보면 다음과 같다.

> ### 건축법 시행령 별표1
>
> **1. 단독주택**
>
> **다. 다가구주택** : 다음의 요건을 모두 갖춘 주택으로서 공동주택에 해당하지
> 아니하는 것을 말한다.
>
> >   1) 주택으로 쓰는 층수(지하층은 제외한다)가 3개층 이하일 것. 다만, 1층의 전부
> > 또는 일부를 필로티 구조로 하여 주차장으로 사용하고 나머지 부분을 주택(주거
> > 목적으로 한정한다) 외의 용도로 쓰는 경우에는 해당 층을 주택의 층수에서 제외
> > 한다.
> >   2) 1개 동의 주택으로 쓰이는 바닥면적의 합계가 660제곱미터 이하일 것
> >   3) 19세대(대지 내 동별 세대수를 합한 세대를 말한다) 이하가 거주할 수 있을 것
>
> **2. 공동주택**
>
> **다. 다세대주택** : 주택으로 쓰는 1개 동의 바닥면적 합계가 660제곱미터 이
> 하이고, 층수가 4개층 이하인 주택(2개 이상의 동을 지하주차장으로 연결하는
> 경우에는 각각의 동으로 본다)

건축법상 단독주택 정의에 따르면 주택 부분은 3개 층 이하
여야 한다. 따라서 A씨 사례의 경우 주택으로 사용한 부분이 4
개 층이기 때문에 세무당국에서는 다세대(공동주택)로 판단할 것
이다. 즉 1인이 4가구를 가지고 있는 것으로 보는 것이다. 그러
면 양도소득세 신고 시 당시 소득세법 기준에 따라 신고하여야
한다.

가장 많이 오류가 나는 부분이 이 지점이다. 등기사항전부증
명서상 토지 부분과 건물 부분으로 등기가 경료되어 있기 때문
에 다세대(공동주택)로 분류되나, 많은 사람들이 오인하고 단독
주택으로 판단하여 신고한다.

우리나라는 자진신고제도이기에 이처럼 잘못 신고하게 되면 신고불성실가산세가 붙게 된다.

5. 1가구 1주택 비과세 요건을 충족하려면 어떻게 운영계획을 수립해야 할까?

1가구 1주택(단독주택)이 되려면 3개 층만 주거로 사용하고, 1~2층은 근린생활시설로 이용해야 하는 운영전략이 필요하다. 또 하나의 이슈는 양도가액이다. 9억 원 이하일 때는 1가구 1주택으로(주택으로 사용하는 면적이 상가 부분보다 컸다면) 비과세였다.

그러나 22년 1월 이후 양도분부터는 주택에 따라 상가를 따로 양분해서 계산하기 시작했다. 기준시가대로 면적대로 양분해 계산한 것이다. 양도가액과 취득가액을 개인이 계산하기에는 무척 복잡하기에 잘못 신고하는 경우가 잦아졌다. 따라서 신고불성실가산세를 무는 것보다는 세무사의 조력을 받는 게 현명하다.

성공의 지렛대, 금융 조달

부동산 시장에서 자신이 보유한 현금만으로 물건을 구매하는 투자자는 극소수에 불과하다. 대부분 은행을 비롯한 여신기관을 통해 금전을 융통한다. 부동산에 투자하기 위해 필요한 재원 조달 방법에는 다음과 같은 종류가 있다.

개인의 경우에는 자금 용도에 따라 부동산 담보대출과 개인 신용대출로 구분할 수 있다.

기업의 경우 대표적으로 시설자금대출과 부동산 개발금융 (PF, project financing)을 들 수 있다. PF는 신용도와 담보, 그리고 사업계획의 수익성 등을 보고 금융기관이 자금을 제공하는 금융기법을 말한다.

개인이 은행에서 대출할 때에는 담보 혹은 신용이 반드시 필요하지만, PF는 신용보다 프로젝트의 사업성을 보고 대출을 해준다. 대규모 아파트 단지를 건설하기 위해서는 막대한 자금이 필요하고, 시행사들은 PF로 자금을 마련해 사업을 진행한다. 당연히 분양에 성공해 수익을 낼 수 있다고 예상되면 금융기관은 PF를 승인하나, 반대로 분양에 실패할 거라는 예측이 되면 부결된다.

금융기관은 외환위기 때부터 부동산 시장을 타깃으로 삼아 꾸준히 투자를 늘려와 이미 부동산 업계의 가장 큰 투자자이자 사업자로 자리 잡았다. 실제로 2021년 기준 금융기관의 부동산 투자금액만 무려 2566조에 달한다.

일반적인 금융은 담보의 가치에 해당하는 돈을 빌리는 행위인데, 금융기관은 담보를 설정할 때 감정평가액을 기준으로 설정한다. 감정평가로 기준가액을 설정해야 LTV를 적용시킬 수 있다. 따라서 부동산에 접근할 때 감정평가사가 어떻게 평가하는지 유심히 알아야 한다. 바로 금융을 일으키는 기준이 되기 때문이다.

따라서 감정평가사들의 평가 기준에 맞춰서 서류를 준비하고, 어떻게 하면 제대로 평가를 받을 수 있을지 준비해야 한다. 그러나 감정평가사가 선택한 비교표준지만 무조건 따라서도 안 된다. 내가 미리 비교표준지를 마련해 감정평가사와 현장에서 논의를 할 수도 있다. 이는 정말 중요한 과정이다.

비교표준지란 주위에 매매된 실거래 사례를 말한다. 그래서 실거래가 데이터를 항상 주목해야 하는 것이다. 물론 활황기에 거래됐던 실거래가를 현재의 실거래가와 비교할 수는 없다. 이걸 그대로 끌고 오면 오류가 날 수밖에 없다.

CHAPTER

8

성공을 결정짓는 사고의 차이

부동산 투자의 화룡점정, 권리분석

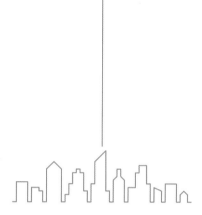

필자뿐만 아니라 부동산 사업을 하는 전문가 분들이라면 다음의 말에 절대 공감하리라 확신한다.

"임대차 계약부터 경매, 투자, 개발사업까지 부동산에 관련된 모든 의사결정은 권리분석으로부터 시작된다."

부동산 투자(사업)를 하며 가장 많이 신경 써야 하는 부분이 바로 '국세청 세무조사'이다. 내가 생각하는 권리분석의 첫 번째 목표는 자기자본금(equity) 방어이며, 두 번째 목표는 사업 완료시점의 세무조정신고(사업자의 개인·법인 구분에 따라 신고일이 다르다) 이후 혹시 모를 국세청 세무조사에 대한 대비이다.

법률적, 기술적, 경제적, 사회·문화적 관점에 기반해 의사결정 해야 한다는 것과 같은 맥락이다. 그래서 필자는 항상 강연에서 "변호사처럼 사고하고, 대기업처럼 운영하라"라는 말을 강조한다.

부동산 계약 후 당사자 간 다툼이 발생하였다고 가정해보자. 서로의 의견이 조정되어 합의가 된다면 문제가 발생되지 않겠지만 조정에 실패하면 민사소송으로 갈 확률이 높다. 소송이 진행되면 계약서에 작성된 조항과 객관적으로 입증할 수 있는 증거만을 가지고 판단한다.

계약서 조항은 양 당사자의 의사표시에 의해 이루어진 법률행위이며 당사자의 의사대로 권리가 발생된다. 부동산 투자의 성공과 실패는 작은 법률적 해석에서 갈리는 경우도 많다. 우리가 변호사처럼 법률적 행위를 바탕으로 사고해야 하는 이유가 여기에 있는 것이다.

부동산 투자(사업)의 첫 단추인 권리분석의 중요성과, 권리분석의 기초가 되는 등기사항전부증명서에 대해 알아보는 것은 그래서 필수적이다. 또한 이번 장에서는 법률적 관점으로 현장을 바라보는 눈을 기르는 방법을 예시를 통해 설명할 예정이다. 마지막으로 부동산 개발사업을 꿈꾸는 이들을 위해 도심개발 과정을 필자의 사례를 통해 함께 살펴보자.

등기부와 권리분석의 정의

먼저 등기부와 권리분석의 정의에 대하여 알아보자.

대한민국법원 인터넷등기소 등기용어해설에서 "등기부란 토지·건물의 등기를 하는 공부로서 해당 등기소에 비치되고 있는데 토지등기부와 건물등기부의 2종으로 각각 토지·건물에 대하여 일정사항을 기재한 등기용지를 편철하고 있다. 등기부는 토지·건물에 대한 권리관계를 일반에게 공시하기 위한 것으로 누구나 신청하면 이를 열람할 수 있으며 등기사항전부증명서나 등기사항일부증명서의 교부를 요구할 수 있다."로 정의하고 있다.

권리분석이란 "법의 테두리 안에서 대상 물건(부동산) 위의 여러 권리 중 어떤 것이 소멸하고 어떤 것은 인수하게 되는 지를 파악하는 것"이다. 즉 대상 부동산이 가지고 있는 권리관계를 명확히 파악하여 부동산거래사고를 사전에 방지하기 위한 단계이다. 주택임대차보호법, 상가임대차보호법, 민법, 민사집행법, 가등기담보등에 관한 법률 등에 따라 인수되는 권리와 소멸하는 권리를 분석하는 것을 뜻한다.

쉽게 말해 권리분석은 흠결(하자) 찾기이며, 크게 두 가지로 분류할 수 있다. 눈에 보이는 흠결(공시된)과 눈에 보이지 않는 흠결(공시되지 않은)로 구분할 수 있다. 권리분석을 위해서는 어떤 종류의 권리가 있는지 자료수집이 선행되어야 한다. 눈에 보이는 흠결(공시된)에 대한 자료는 부동산 공적장부 중 등기사항전부증명서를 중심으로 수집되며, 눈에 보이지 않는 흠결(미 공시된)은 그 존재유무와 내용을 판단할 수 있는 자료(선순위보증금 정보와 세금 체납여부 그리고 악성 임대인 확인)를 수집, 확인하여야 한다. 수집된 정보를 바탕으로 공시된 권리와 미공시된 권리 상호간 우선순위를 분석하여야 하는 것이다.

- **눈에 보이는 흠결(하자)**

  압류, 가압류, 가등기, 가처분, 저당권, 근저당권, 전세권, 등기된 임차권 등
- **눈에 보이지 않는 흠결(하자)**

  당해세(매각 대상이 되는 당해 부동산에 대하여 부과된 조세로 상속, 증여 및 재평가세 등의 국세, 재산세, 자동차세, 종합토지세, 도시계획세 및 지역자원시설세 등 지방세가 있다), 타 임차권합계금액, 미지급된 임금, 최종 미지급된 퇴직금 및 재해보상금

▪ 등기사항전부증명서의 구성

등기사항전부증명서의 종류는 토지, 건물, 집합건물 3가지로 분류되며 각각 표제부, 갑구, 을구로 구성되어 있다. 집합건

물 등기사항전부증명서만 살펴보면 토지등기와 건물등기가 합쳐져 있는 등기사항전부증명서이며 해당되는 건축물의 용도는 공동주택, 즉 아파트, 다세대, 연립, 오피스텔을 말한다.

등기사항전부증명서의 구성에 대하여 항목(표제부, 갑구, 을구)별로 알아보자.

표제부는 등기사항전부증명서 첫 장에서 볼 수 있다. 표제부에는 해당 부동산의 신상정보가 기재되어 있다. 그 부동산의 표시, 주소, 대지권, 건물명칭, 건물번호, 면적, 용도, 구조 등 그 부동산이 '어떤 것'인지 표시된다.

- **표제부** : 해당부동산의 표시 (토지 : 주소, 면적, 건물 : 1동의 전체 건물의 표시)

- **표시번호** : 등기한 순서 번호

- **접수** : 등기가 접수된 날짜

- **소재지번 및 건물번호** : 해당 부동산의 주소지 기입

- **건물내역** (토지는 지목과 면적기입) : 건물의 구조, 크기, 층수 등

- **등기원인 및 기타사항** : 등기원인 및 기타사항을 기입한다.

집합건물(아파트, 주상복합, 오피스텔, 다세대. 연립, 도시형생활주택 등)의 경우, 등기사항전부증명서의 표제부는 두 개가 만들어진다. 해당건물 전체의 표제부와 전유부분의 표제부(각 호실)로 나누어

표기하기 때문이다.

다음의 문답 형식을 통해, 등기사항전부증명서의 내용을 쉽게 이해해보자.

질문 1) 등기사항전부증명서에 표기된 지목, 면적이 우선할까? 아니면 공적장부인 토지대장, 건축물대장, 집합건축물대장에 표기되어 있는 지목 또는 면적이 우선할까?

공적장부에 표기 된 지목, 면적이 등기사항전부증명서의 표기 된 면적, 지목보다 우선한다. 일례로 서울특별시 강남구 ○○○-○○번지의 등기사항전부증명서 표제부에 기재된 소재, 지번, 지목, 면적이 다음과 같이 기입되었다고 가정해보자.

- **등기사항전부증명서상** : 서울특별시 강남구 역삼동 ○○○-○○ 대 242㎡ 소유자 김철수
- **토지대장상** : 서울특별시 강남구 역삼동 ○○○-○○ 잡종지 241㎡ 소유자 김영희
  → 등기사항전부증명서를 토지대장을 기준으로 경정 또는 변경등기(수정)해 주어야한다.

질문 2) 소유권에 관한 사항은 어떻게 확인할 수 있을까?

- **등기사항전부증명서상** : 서울특별시 강남구 역삼동 ○○○-○○ 대 242㎡ 소유자 김철수
- **토지대장상** : 서울특별시 강남구 역삼동 ○○○-○○ 잡종지 241㎡ 소유자 김영희
→ 토지대장을 등기사항전부증명서 기준으로 소유자정리(수정)해 주어야 한다.

토지대장 수정 후에는 다음과 같이 정리된다.

- **등기사항전부증명서상** : 서울특별시 강남구 역삼동 ○○○-○○ 잡종지 241㎡ 소유자 김철수
- **토지대장상** : 서울특별시 강남구 역삼동 ○○○-○○ 잡종지 241㎡ 소유자 김철수

등기사항전부증명서(현재 유효사항)
- 토지 -

고유번호 0000-0000-000000

[토지] 0000시 00구 00동 000

【 표 제 부 】 (토지의 표시)					
표시번호	접 수	소 재 지 번	지 목	면 적	등기원인 및 기타사항

【 갑 구 】 (소유권에 관한 사항)				
순위번호	등 기 목 적	접 수	등 기 원 인	권리자 및 기타사항

문서 하단의 바코드를 스캐너로 확인하거나, 인터넷등기소(http://www.iros.go.kr)의 발급확인 메뉴에서 발급확인번호를 입력
하여 위•변조 여부를 확인할 수 있습니다. 발급확인번호를 통한 확인은 발행일부터 3개월까지 5회에 한하여 가능합니다.

갑구는 소유권과 관련이 있는 사항이 표시되는 부분으로, 소유권 이전, 압류, 가압류, 경매개시결정, 가처분 등이 표기된다.

- **갑구** : 소유권에 관한 사항(토지, 건물, 집합건물 모두)
- **순위번호** : 등기한 순서
- **등기목적** : 소유권변동 표시(보존, 이전, 가처분, 가압류, 압류, 경매개시결정등기 등)
- **접수** : 접수일과 접수번호를 표시
- **등기원인** : 매매나 기타의 등기 원인을 표시
- **권리자 및 기타사항** : 등기권자의 인적사항 등을 표시

한 가지 더, 부동산 계약 시 대리계약이 빈번하게 일어나는데 계약 당사자에 대한 확인은 가장 중요한 절차 중 하나이다.

1) 위임장에 대리권 수여 여부를 확인한다.
2) 소유자와 직접 통화하여 신분을 확인한다. (중개사의 도움을 받는다)
3) 대리계약 시 위임장에 첨부되는 인감증명서는 소유자 본인이 직접 발급받은 것인지 확인한다. (대리로 발급된 인감증명서는 차후 대리권에 대해 다툼의 여지가 있을 수 있다)

부동산 중개업소에서 위임장 없이 대리계약을 하는 경우가 빈번하게 발생한다. 이런 경우 절대 계약해서는 안 된다.

[토지] 0000시 00구 00동 000

【 을　　구 】 (소유권 이외의 권리에 관한 사항)

순위번호	등 기 목 적	접　　수	등 기 원 인	권리자 및 기타사항

-- 이 하 여 백 --

관할등기소　00지방법원 00등기소 / 발행등기소　00지방법원 00등기소
수수료　0,000원 영수함

이 증명서는 등기기록의 내용과 틀림없음을 증명합니다.
서기 0000년 0월 0일

법원행정처 등기정보중앙관리소　　　　　　　　　　　전산운영책임관

* 실선으로 그어진 부분은 말소사항을 표시함.　　　* 기록사항 없는 갑구, 을구는 '기록사항 없음' 으로 표시함.

문서 하단의 바코드를 스캐너로 확인하거나, 인터넷등기소(http://www.iros.go.kr)의 발급확인 메뉴에서 발급확인번호를 입력
하여 위·변조 여부를 확인할 수 있습니다. 발급확인번호를 통한 확인은 발행일부터 3개월까지 5회에 한하여 가능합니다.

발행번호 19120119101206041010120071DEV0000721011104128Y1112　　　발급확인번호 ATIL-IXTA-0047　　발행일 0000/00/00

을구는 소유권 이외의 권리사항(저당권, 근저당권, 전세권, 지상권, 임차권 등)이 표시되는 부분이다.

- **을구** : 소유권 이외의 권리에 관한 사항
- **순위번호** : 등기한 순서
- **등기목적** : 권리의 취득내용 표시
- **접수** : 접수일과 접수번호를 기입
- **등기원인** : 저당권, 전세권 등의 원인 표시
- **권리자 및 기타사항** : 등기권리자 인적사항 및 기타사항 기입

을구의 근저당권은 채권최고액으로 표시되며 실제 대출된 금액의 1금융권은 120%~130% 정도가, 2금융권은 130%~150%까지도 설정된다.

등기사항전부증명서는 시간 순서대로 기입된다. 갑구의 현재 소유자는 뒤쪽에 명기돼 있다. 따라서 갑구는 뒤부터 읽는 것이 현재 소유자와 소유권의 변동 내역을 파악하기 수월하다. 을구는 반대로 내가 권리(담보)를 제공한 것이기에 시간 순서대로 담보가 제공되어 있는 위부터 봐야 한다. 갑구와 을구는 날짜순서가 빠른 것이 권리가 우선한다. 만약 같은 날 동시에 접수가 됐다면 접수번호가 빠른 것이 우선한다.

권리분석의 첫 단추
등기사항전부증명서

▪ 공시력과 공신력의 차이

등기사항전부증명서는 공신력이 존재하지 않는다. 공시효과
만 있다. 우리나라 등기제도는 등기의 형식적 성립요건만 갖추
면 다른 조사 없이 서류 심사만으로 등기할 수 있도록 되어 있
다. 등기되어있는 권리관계가 사실과 부합되지 않아 발생한 피
해는 당사자에게 귀속된다는 사실을 인지하여야 한다. 많은 이
들이 부동산 사기는 남의 일이라고 생각한다. 과연 그럴까? 지
금껏 부동산 계약을 하며 여러분이 챙겨왔던 서류들을 떠올려
보자.

"등기사항전부증명서만 제대로 확인하면 되는 거 아닌가
요?"

이렇게 생각한다면 당신도 얼마든지 부동산 사기의 피해자
가 될 수 있다. 지금껏 피해를 입지 않은 것은 단지 운이 좋았을
따름이다. 특히 전세 사기를 당하는 사람들의 90퍼센트 이상이
하는 말이 있다.

"등기사항전부증명서상 선순위 권리(근저당 등)가 없는 소위
'깨끗한 집'임을 입주 당일까지 분명히 확인했는데…."

등기사항전부증명서는 권리관계를 분석할 때 반드시 확인

해야 할 문서 중 하나지만, 단지 이것만 보고 모든 권리관계를 파악할 수 없으며, 등기사항전부증명서상 이름이 올랐다고 법적으로 권리를 보장받을 수 있는 것은 아니다. 등기사항전부증명서에는 공시력만 있을 뿐, 공신력은 없기 때문이다. 다시 말해 권리관계를 보여주는(공시) 역할만 할뿐, 법적 권리를 보장해주는(공신) 것은 아니란 뜻이다.

등기를 담당하는 법원 등기관들에게는 형식적인 서류 심사권만 있다. 부동산 매매 이후 등기 이전 신청 시 관련법령에서 요구하는 서류를 첨부하면 권리변동에 관한 등기가 되지만, 이것이 진짜 실체가 있는 계약인지 정말 소유자가 누구인지 확인할 권한은 등기관에겐 없다.

등기사항전부증명서로 권리관계를 파악하는 것만도 힘든데, 그것이 아무것도 보장해주지 않는 그저 공시하는 문서에 불과하다니. 이제껏 등기사항전부증명서만 믿고 계약해온 사람들에게는 충격적인 이야기일 것이다.

그럼에도 불구하고, 등기사항전부증명서는 우리나라에서 부동산 권리관계를 확인할 수 있는 유일한 공적 자료이기 때문에 꼼꼼히 확인하여야 한다. 독자 여러분이 많이 접해봤을 수도 있는 '말소기준권리' 개념을 예로 권리분석의 기초가 되는 등기사항전부증명서에 대해 조금 더 살펴보자.

권리분석이란 '말소기준권리라고 쓰고 날짜라고 읽는다.' 이 말을 개념화 해보자.

말소기준권리는 법률적 용어가 아닌 경매 강의에서 만들어진 '공식'이다. 이 공식의 핵심은 날짜이다. 말소기준권리를 기준으로 등기사항전부증명서에 경료된 등기접수일이 빠르면 권리를 인수한다. 반면, 말소기준권리를 포함하여 이후에 기입된 권리는 말소가 된다.

이때 항상 주의해야 할 것은 인수되는 권리를 찾는 것이다. 인수되는 권리를 모르고 입찰하여 낙찰된다면 곤란한 상황에 빠질 수 있음을 항상 인지해야 한다.

다음의 몇 가지 예시를 통해 등기사항전부증명서를 자세히 분석해 보자.

[갑 구] (소유권에 관한 사항)				
순위 번호	등기목적	접수	등기원인	권리자 및 기타사항
4	소유권이전 청구권가등기	2001년 11월 1일 제○○○호	2001년 10월 31일 매매 예약	• 가등기권자: 문○○ - 서울시 ○○구 ○○○-○○ ○○빌라

[을 구] (소유권 이외의 권리에 관한 사항)				
순위 번호	등기목적	접수	등기원인	권리자 및 기타사항
1	근저당권설정	2001년 10월 1일 제○○○호	2001년 10월 1일 설정계약	• 채권최고액: 금 ○○○원 • 채무자: 홍길동 - 서울특별시 강남구 ○○대로 ○○아파트 ○○동 ○○호 • 근저당권자: 문○○ - 서울특별시 양천구 ○○동 ○○아파트 ○○동 ○○호
2	전세권설정	2001년 11월 4일 제○○○호	2001년 11월 4일 설정계약	• 전세금: 금 50,000,000원 • 범위: 주거용 건물의 전부 • 존속 기간: 2001년11월5일부터~ 2003년11월4일까지 • 전세권자: 김○○ ○○○○○○-○○○○○○○ - 서울특별시 중구 ○○○로 ○○빌라
3	근저당권설정	2003년 5월 1일 제○○○호	2003년 5월 1일 설정계약	• 채권최고액: 금 ○○○원 • 채무자: 홍길동 - 서울특별시 강남구 ○○대로 ○○아파트 ○○동 ○○호 • 근저당권자: 김○○ - 서울특별시 양천구 ○○동 ○○아파트 ○○동 ○○호

최선순위 2001.10.01. 근저당권, 2순위 2001.11.01. 소유권이전청구권가등기, 3순위 2001.11.04. 전세권, 4순위 2003.05.01. 근저당권 순으로 분석해야 하며, 최선순위가 근저당권(말소기준권리 → 언제나 매각으로 소멸)이므로, 최선순위의 근저당권 및 이에 뒤지는 후순위 권리는 소멸한다.

[갑 구] (소유권에 관한 사항)

순위 번호	등기목적	접수	등기원인	권리자 및 기타사항
3	소유권이전 청구권가등기	2001년 10월 1일 제○○○호	2001년 9월 30일 매매 예약	• 가등기권자: 문○○ -서울시 ○○구 ○○○-○○ ○○빌라

[을 구] (소유권 이외의 권리에 관한 사항)

순위 번호	등기목적	접수	등기원인	권리자 및 기타사항
1	근저당권설정	2001년 11월 1일 제○○○호	2001년 11월 1일 설정계약	• 채권최고액: 금 ○○○원 • 채무자: 홍길동 -서울특별시 강남구 ○○대로 ○○아파트 ○○동 ○○호 • 근저당권자: 문○○ -서울특별시 양천구 ○○동 ○○아파트 ○○동 ○○호
2	전세권설정	2001년 11월 4일 제○○○호	2001년 11월 4일 설정계약	• 전세금: 금 50,000,000원 • 범위: 주거용 건물의 전부 • 존속 기간: 2001년 11월 5일부터~ 2003년 11월 4일까지 • 전세권자: 김○○ ○○○○○○-○○○○○○○ -서울특별시 중구 ○○○로 ○○빌라
3	근저당권설정	2003년 5월 1일 제○○○호	2003년 5월 1일 설정계약	• 채권최고액: 금 ○○○원 • 채무자: 홍길동 -서울특별시 강남구 ○○대로 ○○아파트 ○○동 ○○호 • 근저당권자: 김○○ -서울특별시 양천구 ○○동 ○○아파트 ○○동 ○○호

최선순위 2001.10.01. 소유권이전청구권가등기, 2순위 2001.11.01. 근저당권, 3순위 2001.11.04. 전세권, 4순위 2003.05.01. 근저당권 순으로 분석으로 하여야 하며, 최선순위 소유권이전청구권가등기는 소멸하지 않고 인수되며, 2순위 근저당권이 말소기준권리(언제나 매각으로 소멸)가 되므로 이에 뒤지는 후순위 권리는 소멸한다.

최선순위 2001.10.01. 소유권이전청구권가등기(말소기준권리), 2순위 2001.11.01. 근저당권, 3순위 2001.11.04. 전세권, 4순위 2003.05.01. 근저당권 순으로 분석으로 하여야 하며, 최선순위 인 소유권이전청구권가등기는 "담보가등기"이므로 근저당권과 동일하게 말소기준권리(언제나 매각으로 소멸)가 된다. 이에 뒤지는 후순위 권리는 소멸한다.

권리관계가 인수되거나 소멸하는 시점은, 법원경매에서 낙찰 잔금 지급이 완료 되면 원시취득으로 보아 등기접수와 관계없이 권리를 취득하게 된다.

많은 사람들이 권리분석은 법원경매에서만 필요한 것으로 오인하는 경우가 많다. 권리분석은 법원경매에서만 필요한 것이 아니라 부동산 모든 분야에 걸쳐 필수적 분석 방법인 것임을 인지해야 한다.

권리분석의 중요성은 공인중개사법에서도 찾아볼 수 있다. 같은 법 제25조 제1항을 살펴보면 개업공인중개사는 중개를 의뢰받은 경우 중개가 완성되기 전에 해당 중개대상물의 상태·입지 및 권리관계, 법령의 규정에 의한 거래 또는 이용제한사항을 확인하여 이를 해당 중개대상물에 관한 권리를 취득하고자 하는 중개의뢰인에게 성실·정확하게 설명하고, 토지대장 등본 또는 부동산종합증명서, 등기사항전부증명서 등 설명의 근거자료를 제시하도록 규정하고 있다. 권리분석이라 함은 권리관계 분석에 국한되어 있지 않고 사전적 활동 업무(현장 확인)로 확장되어야 한다.

현실에선 무수히 다양한 사례가 존재한다. 부동산 위에는 여러 상황과 권리관계가 얽혀있을 수 있고 관련된 법들이 복잡하게 작용하기 때문이다. 의사결정의 모든 결과(시간·금전적 손해를 포함한)는 나에게 귀속된다는 사실을 마음에 새기고, 그 첫 단추인 권리분석의 중요성에 대해 다시 한번 깊게 생각해보는 계기가 되었으면 한다.

등기사항전부증명서 분석 방법

권리(관계)는 법률관계에 의해 변동된다. 간단한 예로 매매(원인)에 의해 소유권(권리)이 이전되면 새로운 소유자에 대해 소유권이전등기가 경료되어 공시된다. 이처럼 등기사항전부증명서에는 권리의 변동사항이 시간순(시간이 같다면 접수번호 순서로 구분)으로 기재된다. 등기사항전부증명서상 현재(발급 시점) 유효한 권리(관계)를 확인하는 방법에 대해 간단히 살펴보자. 등기사항전부증명서, 자, 색깔 볼펜을 옆에 지참하면서 따라해 보길 바란다.

[갑구]

첫째, 주말(붉은 먹을 묻힌 붓으로 글자 따위를 지우기)된 권리를 삭제한다.

둘째, 현재 소유자를 확인하라!

→ 갑구 순위번호가 느린 소유자가 최종 소유자(공유자, 수탁자 등으로 표기)다

셋째, 소유자 이외의 권리(갑구 - 소유권에 관한 사항)를 찾아라!

→ 압류, 가압류, 가처분, 소유권이전청구권 가등기 등

[을구]

첫째, 주말된 권리를 삭제한다.

둘째, 근저당권, 전세권, 임차권 등의 권리를 찾아라

순위번호	등 기 목 적	접 수	등 기 원 인	권리자 및 기타사항
3	압류	2020년1월7일 제█████호	2019년12월19일 압류(세무██과 █)	관리자 █████구(서울특별시) █████
4	3번압류등기말소	2020년3월27일 제████호	2020년3월27일 해제	
5	압류	2020년6월1일 제████호	2020년6월1일 압류(체납장세 과 티███)	관리자 국 처분청 █████세무서장

　　앞의 예는 순위번호 4번 – 해제 원인의 '3번압류등기말소'로 순위번호 3번 압류 등기가 주말(삭선으로 표기)되었다. 우리는 현재 유효한(등기사항증명서는 공시력은 있지만 공신력은 없다는 점을 다시 한번 기억하자. 이 작업은 권리관계를 분석하기 위해 우리가 할 수 있는, 필수적인 첫 단계일 뿐이다.) 권리(관계)를 확인하는 데 목적이 있으므로 아래의 경우 순위번호 4번 '3번압류등기말소' 역시 함께 삭선하여 정리하면 된다.

등기사항전부증명서 주말 및 삭선 작업을 위해
견본과 설명 영상을 마련했다.
다음 **QR코드**에서 확인하시길 바란다.

- **주등기(主登記)**

등기의 형식에 따른 분류로서 부기등기에 대응하여 사용하는 용어로서, 독립등기라고도 불린다. 등기부의 표시란에 등기할 때에는 표시번호란에, 갑구나 을구에 등기할 때에는 순위번호란에 각각 기존의 등기의 표시번호나 순위번호에 이어지는 독립한 번호를 붙여서 하는 등기를 말한다.

- **부기등기(附記登記)**

그 자체로서는 기존등기에 이어지는 독립된 번호를 갖지 아니하며, 기존의 어떤 특정 등기(이것을 당해 부기등기에 대한 주등기라 함)의 번호를 그대로 사용하되, 그 번호(주등기의 번호) 아래에 부기 몇 호라는 번호기재를 붙여서 행하여지는 등기를 말한다. 부기등기를 두는 이유는 어떤 등기로 하여금 다른 기존의 등기(본등기)의 순위를 그대로 유지하게 할 필요가 있는 경우(예:경정등기·변경등기)에 대비하기 위한 것이다.

- **부동산등기법**

제5조(부기등기의 순위) 부기등기(附記登記)의 순위는 주등기(主登記)의 순위에 따른다. 다만, 같은 주등기에 관한 부기등기 상호간의 순위는 그 등기 순서에 따른다.

갑구의 주말되지 않은 소유권에 관한 사항이나 을구의 주말되지 않은 소유권 이외의 권리에 관한 사항의 경우가 있다면, 다음 표(이해를 돕기 위해 첨부된 등기사항전부증명서의 분석 내용 중 일부만을 포함하고 있다)와 같이 접수일자 순으로 별도로 정리하자. (접수일자가 같다면 접수번호가 빠른 것이 우선한다.)

구분	순위번호	등기목적	접수일자(번호)	권리자 및 기타사항
갑구	5	소유권이전	2013-10-17_34947	소유자 장**
갑구	13	가압류	2018-9-18_66719	채권자 지** 청구금액 금 27,000원
갑구	14	강제경매개시결정	2018-10-8_72826	채권자 김**
갑구	15	임의경매개시결정	2019-2-28_12643	채권자 **** 대부

구분	순위번호	등기목적	접수일자(번호)	권리자 및 기타사항
을구	1	근저당권설정	2011-8-18_27910	근저당권자 ***씨 대부 채권최고액 금 413,400,000원
을구	1-6	근질권	2018-11-30_88135	채권자 ***캐피탈주식회사
을구	16	근저당권	2017-11-15_83115	근저당권자 손** 채권최고액 금 90,000,000원

이렇게 갑구와 을구의 구분 없이 접수일자별 빠른 순서로 분석해야 한다. 주의해야 할 사항이 하나 있다. 앞의 표에서 을구 순위번호 1번과 1-6번(주등기와 부기등기)은 한 몸으로 보고 분석해야 한다.

등기사항전부증명서상 권리분석은 여기까지만 알아도 기초과정으로 충분하다고 생각한다. 권리분석 등 법과 관련된 내용은 휘발성이 강하므로 지속적인 관심과 별도의 공부가 필요하다.

등기사항전부증명서의 분석(해석할 수 있는 능력)이 왜 필요한지를 다시 한 번 강조한다. "부동산등기는 추정력을 가진다"는 것이 우리나라 판례의 태도이며, 사실이 아님을 주장하는 자에게 입증책임이 있다.

부동산 등기의 추정력은 부동산등기에서 나타나 있는 표상(표시)에서부터 시작된다. 등기의 추정력은 명문 규정에는 나타나 있지 않지만, 판례(대법원 2002. 2. 5. 선고, 2001다72029)에 의해 법률상의 사실추정으로 등기원인의 추정(推定)과 등기절차의 적법까지 추정하고 있다는 것이 확립되었다. 대법원이 내린 다음

두 가지 판시 내용을 주의 깊게 살펴보자.

> **대법원 2002. 2. 5. 선고 2001다72029 판결 [소유권이전등기 등]**
> "어느 부동산에 관하여 등기가 경료 되어 있는 경우 특별한 사정이 없는 한 그 원인과 절차에 있어서 적법하게 경료된 것으로 추정된다."

등기가 경료되어 있는 표상이 정당한 것으로 추정되며, 등기 절차와 등기원인에 대한 부당을 주장하는 당사자가 입증할 필요가 있다는 의미이다.

> **대법원 2003. 2. 28. 선고 2002다46256 판결 [소유권말소등기]**
> "부동산에 관한 등기부상 소유권이전등기가 경료 되어 있는 이상 그 절차 및 원인이 정당한 것이라는 추정을 받게 되고 그 절차 및 원인의 부당을 주장하는 당사자에게 이를 입증할 책임이 있는 것이나, 등기절차가 적법하게 진행되지 아니한 것으로 볼만한 의심스러운 사정이 있음이 입증되는 경우에는 그 추정력은 깨어진다."

등기사항전부증명서에 기재된 권리관계는 그 절차와 등기원인이 정당한 것으로 추정되므로 그 절차 및 원인이 잘못되었음을 주장하는 자에게 입증책임이 있다는 것이다. 우리나라 등기사항증명서의 공신력은 인정되지 않고 있으나, 우리는 공시의 효력에 대한 법원의 태도에 대해 잘 알고 있어야 한다. 이것이 나의 삶을 지키는 생존무기가 되기 때문이다.

법률적 관점으로 현장을 바라보기

다음의 사례는 실제로 겪은 일이다. 중개사무소에서 1번 필지를 추천해 현장 확인 후 사업성검토를 진행하였으며, 해당 필지의 공법상 토지이용규제 확인 후 부결하였다.

현장에 이상이 없었고 사업성이 있다고 판단한 필지를 왜 부결했을까?

빨간색 실선이 어떻게 표시되어 있는지 잘 보아야 한다.

만약 사업을 진행한다면 2번 필지를 매입해야 한다. 1번 필지는 도로(예정)부지로 편입되어 있어, 구청에서 언젠가 수용할 토지이기 때문이다. 3번 필지는 1번, 2번 필지에 비해 토지가격이 높게 형성돼(대로변) 사업성이 나오지 않아 부결하였다. 2번

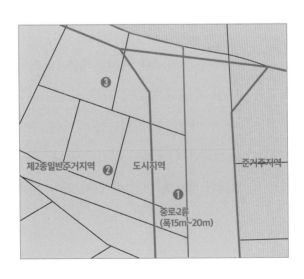

필지는 1번 필지가 수용되고 남은 잔여지를 매수하거나 1번 필지 소유주와 공동사업을 진행하면 수익이 극대화될 것으로 판단된다. 1번 토지주의 입장에서는 토지수용 후 구청에 잔여지 매수청구를 하거나 2번 필지를 미리 매입하는 방안도 있다. 하지만 도로 수용 계획이 실행되는 시점을 정확히 알 수 없는 것이 리스크이다. 중개사무소에서 이 사실을 알고 소개했든 모르고 소개했든 그 사실은 중요하지 않다. 다시 강조하고 싶다. 계약하는 순간 모든 책임은 매수자가 지게 된다.

▪ 법률적 관점의 중요성

법률적 관점의 중요성에 대해 다시 한번 생각해보기 위해 실제 사례를 하나 더 소개한다. 필자의 자문 사례로, ○○동에 위치한 90평 근린시설생활 매각 사례다.

2002년 증여받아 20년 넘게 공부상 용도는 근린생활시설, 실제 사용은 단독주택으로 이용하였다. 물건을 현재 실제 이용하고 있는 단독주택으로 매각할지, 개발 후 매각할지 고민하며 필자에게 자문을 요청하였다.

여러분이라면 어떻게 결정하겠는가? 대부분은 개발 후 매각을 선택할 것이다. 왜냐하면 개발 후 매각이 단독주택 매각보다 수익성이 높을 거라는 생각이 막연하게 들기 때문이다.

이 사례는 물건을 장기보유한 사실에 주목해야 한다. 매도자 입장에서 가장 고민 되는 게 무엇일까? 세후 수익(ATCF, After Tax Cash Flow)이다. 키포인트는 '세법'에 있다. 매각을 전제로, 현재 용도로 매각하는 경우의 세후 수익과 개발 후 매각하는 경우 예상되는 세후 수익을 비교하여 선택하면 된다. 비교해 본 결과 현재 용도로 매각하는 것이 세후 수익이 높은 것으로 분석되어, 현재 용도로 매각할 것을 권유해 드렸다. 부동산 투자(사업)는 취득 이전 단계부터 매각 후 단계까지 세밀한 검토가 필요하다. 검토 기준은 법률적 관점에서 시작되어 법률적 관점으로 마무리 된다. 기술적, 경제적, 사회·문화적 관점과 법률적 관점이 융합된 기준으로 의사결정에 대해 판단하지만, 중심은 법률적 관점임을 깊게 새겼으면 한다.

매각하게 되면 양도소득세를 내게 되는데, 여기서 주목할 것은 '주거용시설로 이용했다'는 사실이다. 근린생활시설이지만 주거용시설로 이용했으니 세법상의 관점에선 주거용시설이라고 판단한다는 것이다. 정부는 용도와 상관없이 사용 현황을 보기 때문이다.

> **소득세법 제88조 제7호**
> 7. "주택"이란 허가 여부나 공부상의 용도구분과 관계없이 사실상 주거용으로 사용하는 건물을 말한다. 이 경우 그 용도가 분명하지 아니하면 공부상의 용도에 따른다.

2018년 서울고등법원에서는 "일시적으로 주거가 아닌 다른 용도로 사용되고 있다고 하더라도 그 구조, 기능이나 시설 등이 본래 주거용으로서 주거용에 적합한 상태에 있고 주거기능이 그대로 유지, 관리되고 있어 언제든지 본인이나 제3자가 주택으로 사용할 수 있는 건물의 경우에는 주택으로 보아야 한다"는 판단을 내렸다.

서울고등법원의 판례처럼 만약 1가구 1주택으로 이용됐다는 소유자의 주장이 입증되면 어떻게 될까? 비과세 혜택에 장기보유특별공제까지 혜택을 볼 수 있다. 즉 개발사업을 통한 매각보다 비과세에 장기보유특별공제까지 혜택을 보는 현재 용도로의 매각이 더 높은 수익을 얻을 가능성이 크다. 이와 같은 법률적 관점을 장착한 상태에서 ○○동 소재 주택의 매입을 고려 중이라고 가정해보자. 앞서 공부한 대로 토지이용계획확인원을 비롯한 해당 물건에 대한 각종 공부를 토대로 현장을 확인하고, 해당 물건이 지구단위계획에 속하는지, 속한다면 계획의 내용은 어떠한지 꼼꼼히 살펴야 한다. 나아가 2040 ○○구도시발전 마스터플랜과 함께 최종적으로 서울시도시기본계획까지 확인한다면 더 안전한 의사결정을 내릴 수 있다.

도심 부동산 개발
실전 사례

이 책을 읽는 많은 독자분이 도심의 부동산에 투자하고 개발해보는 꿈을 꾸고 있을 것이다. 필자는 '부동산 개발 전략 사업가'라고 스스로 부르길 좋아한다. 멋지게 얘기하면 골목길에 숨어있는 빨간 벽돌 주택에 새로운 가치를 부여해 지구의 한 모퉁이에 작은 변화를 이끌고 있다. 필자가 골목길을 좋아하는 이유는 골목길에서부터 도심의 변화가 일어나기 때문이다.

필자가 개발 사업을 진행할 때마다 먼저 던지는 질문이 있다. '무엇을 사서 어떻게 벌 것인가?'로 시작하여 '누가 올 것인가?', '누가 무엇을 할 것인가?', '다른 점(차별점)은 무엇인가?'로 끝을 맺는다.

1. **누가 올 것인가** (marketing target) : 분석에 기초, 냉정한 수요 예측
2. **무엇을 할 것인가** (needs) : 무엇을 필요로 하는지, 무엇을 할 것인지 평가
3. **다른 점은 무엇인가** (reason for visit) : 왜 여기까지 와야 하는지 평가

■ 적중했던 강남구 복합시설(주상복합) 기획안

2017년 중소형 오피스 개발 시장에 들어갈 때, 필자는 서울 강남구에서 진행하던 프로젝트에 대한 고민으로 밤잠을 설친 기억이 아직도 생생하다. 주거지역에 업무시설과 주거용 시설이 복합된 공간을 기획하던 당시, 사업성 평가가 높게 나왔음에도 프로젝트 성공에 대해 확신을 하지 못했다.

'누가 올 것인가'와 '다른 점은 무엇인가'라는 질문에 집중했더니 서서히 답이 보이기 시작했다. 필자는 지층부터 3층까지는 1인 기업을 위한 공간을, 최상층은 펫팸(petfam)족을 겨냥한 주거용 시설로 기획설계를 진행했다. 당시 SITE를 중심으로 상권분석을 해본 결과 강남지역에 층별 단독으로 사용할 수 있는 공간이 없다는 점, 반려동물과 함께 생활하는 1인 가구가 증가하고 있으나, 특화된 주거 공간이 없다는 점에 주목했고 기획안은 적중했다.

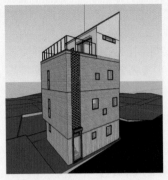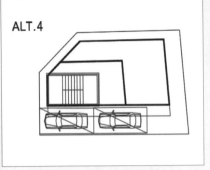

강남구 ○○동에 토지 면적 118.50㎡, 건물 면적 266.90㎡, 건축규모 지하 1층~지상 4층 복합시설을 기획했다

필자가 기획한 복합시설은 준공 이전에 임차가 완료됐다. 준공 이후로도 단 한 번도 공실이 발생한 적이 없었다. 그리고 이때의 성공에 확신을 얻은 필자는 이후 강남권에서 소형 오피스 빌딩을 전문적으로 기획하게 됐는데 다행히도 지금까지 실패한 적이 없다.

개발 사업을 하며 필자가 가장 중요하게 생각하는 건 '기획설계'와 '평면구조'다. 실제로 강남구 ○○동 사업은 설계 기간만 6개월이 넘게 소요될 정도로 공을 들였다.

더 고민이 됐던 부분은 법정 주차대수 문제였다. 만들 수 있는 주차대수와 용도별 법정 주차대수를 고려해 프로젝트의 방향성을 잡을 수밖에 없었다. 실제로 소형 필지는 대부분 이 문제에서 자유롭지 못하다.

이처럼 각각의 문제들을 어떻게 풀어나갈지, 특히 지역분석을 통해 지역에 있는 수요를 어떻게 끌어들이느냐가 핵심이다.

■ 사업성 분석의 중요성

개발 사업은 사업지를 확보하면 이미 70% 성공한 것인데, 모든 투자(사업)는 투자지(사업지) 계약 전에 사업성 분석을 선행해야 한다. 이 분석이 부동산 투자(사업)의 성패를 좌우한다고 말해도 과언이 아니다.

다음 자료는 2019년 기획한 부동산 개발 사업의 사업성 검토 자료다. 원가 분석 자료는 금융기관 심사에 필수로 포함되는데, 사업에 필요한 비용(토지비, 공사비, 금융비용), 즉 예정원가와 매출(매각가격), 최종 수익을 분석하는 데 목적이 있다.

「백종원의 골목식당」과 「백종원 시장이 되다」라는 프로그램을 떠올려 보자. 백종원 대표가 항상 강조하는 부분이 있다. 원가 절감과 회전율을 높여 사업성을 개선해야 한다는 것인데, 다시 말하면 '경쟁업체보다 판매 가격은 낮추고 판매의 빈도를 높여야 한다'는 의미다. 부동산 투자(사업)도 같은 이치이다. 원가가 낮으면 판매 가격을 낮출 수 있어 경쟁 상품보다 가격 측면에서 경쟁력을 갖출 수 있다.

원가 측면에서 조금 더 생각해 보자. 계약 전에 사업 예정지가 주변 지가에 비해 토지 가격이 높다면 어떤 선택을 해야 할

사 업 명	서울 OO동 OOO PJT		조건 :				(단위:천원)	
부지대표지번	서울특별시 강남구 00		용 도 지 구	도시지역/2종일반주거지역		용 적 률		%
매입면적(토지)	163.00 m²	49.31 평	토 지 평 단 가			건 폐 율		%
기부면적(도로등)	m²	0.00 평	분 양 가			건 축 면 적	90.03	m²
유휴면적(토지)	m²	0.00 평	건 축 비			PF 금 액		
사업면적(토지)	163.00 m²	49.31 평	계 약 금 비 율		%	PF 율 (토 지 비)		%
전체연면적(건물)	322.84 m²	97.66 평	중도금무이자비율		%	PF 수 수 료		
지상연면적(건물)	322.84 m²	97.66 평	중도금무이자 이자률		%	PF 이 자 율		

구 분			금 액	산출 내역		비 고	비율
매출	상가	상가 지상		13.5 평 × 천원			16.4%
		상가 지상		20.8 평 × 천원			23.6%
		상가 소계		98 평		평당가격 :	100.0%
	매 출 합 계			부가세 별도			100.0%
비용	토지비	토지매입비		49.3 평 × 천원			65.2%
		제세공과금(취,등록세)		× %			2.3%
		등기대행료(법무사)		× %			0.0%
		지주작업비(중개수수료)		× %			0.6%
		소계					68.1%
	건축비	직접공사비		98 평 × 천원		지하,지상,근생 공사평균	17.6%
		간접공사비 전기공사		98 평 × 천원		난방,전기통신 별도	0.5%
		기계공사		1 세대 × 천원		지자체 문의요	1.2%
		철거비/토목공사비	-	98 평 × 천원		철거, 토목, 부대토목 포함	0.0%
		건축허가조건이행공사비	-	진입로,단지외공사,주변도로개설,공원조성 등 인허가조건부			0.0%
		설계감리 설계비		98 평 × 천원			0.0%
		인허가비 감리비		98 평 × 천원			0.1%
		소계					19.4%
	판매비	매각 수수료		× % +			0.0%
		소계	-				0.0%
	부대비	일반 부대비용 관리신탁수수료		× %		관리신탁	0.7%
		민원처리비(인허가,민원)		× %			2.3%
		시행사 일반관리비		원 × 개월			2.8%
		소계					5.8%
		제세 공과금 보존등기비		× %			0.6%
		주택채권 매입		× % × 천원 × %		약식	0.0%
		종합 토지세		× % × % × 년			0.2%
		도시 계획세		× % × % × 년			0.0%
		지방교육세		× %			0.0%
		농어촌특별세					0.0%
		기타 예비비(기반,개발부)		× %			0.7%
		소계				종 계	1.5%
	금융비	PF수수료(2금융권 : 130%)		× %		지하면/지상면	0.7%
		PF이자(2금융권 : 130%)		× % × 년		간접비/직접비	4.4%
		소계				실부지/전체비	5.1%
		공사비 총계					
		지 출 합 계				수익금/투자금	100.0%
세전이익				수익율	계약금맞중도금 필요사업비		

법인세 등		세전수익	
세후이익		수익율	

284

까? 물론 사업성 분석을 통한 원가 분석을 선행해 봐야 하겠지만 투자(사업)자는 더 보수적인 시각으로 접근해야 한다. 부동산 사업의 원가는 토지비와 공사비 그리고 금융비로 구성되어 있고 그중 토지비의 비중이 가장 높기 때문이다. 책을 쓰고 있는 2023년 10월 현재, 과거에 비해 공사비와 금융비용이 상상할 수 없을 정도로 상승했다. 거시적 경제 환경의 변화에도 민감하게 대응할 수 있는 소양을 길러야 할 것이다.

부동산 시장에서 가격에 대한 판단과 그 변화를 예측한다는 것은 매우 어려운 일이다. 하지만 불가능한 하다고 생각하지 않는다. 기준과 관점이 중요하다고 이야기하고 싶다. 공인중개사의 가격 판단 근거, 감정평가사의 평가 기준, 금융기관 실무자가 사업지를 판단하는 기준은 늘 투자자로서 갖추어야 할 기본적인 소양이다.

다시 강조하지만, 부동산과 친해지는 길은 딱 하나다. 여러분이 먼저 부동산에 다가가는 것이다. 부동산 기획은 특별한 것이 아니다. 사고의 전환이다. 여러분도 누구나 창조적인 기획자가 될 수 있기를 기원한다.

내 인생의 출구전략

독립을 위한 공간을 찾아 나서는 순간

나이에 상관없이 우리가 경험하지 못한 세계에 들어선다.

그곳에서 살아남기 위하여

그리고 더 나은 삶을 위하여

자신의 삶을 지킬 수 있는 전신갑주가 필요하다.

여러분에게 필자의 지난 경험을 솔직히 공유하는 이유는 단 하나다. 여러분이 나와 같은 슬픈 경험을 겪지 않았으면 하는 마음에서 '자신의 삶을 지킬 수 있는 전신갑주(의사결정 능력)'를 찾아 입기를 바라서다. 필자는 20대 중반에 이어 30대, 출구전략이 없는 의사결정으로 모든 삶이 무너져 내렸다.

그 시절을 잠시 회상해 보면, 김밥 한 줄 가격이 1,000원에서 1,500원 사이였다. 필자는 끼니를 때우기 위해 1,000원짜리 김밥집을 찾아 헤맸다. 인생의 성공을 위해 꿈을 키우고 야망을 품으며 도전해 성취해야 할 시기에 박탈감, 무기력, 우울감 등 부정적 감정이 필자를 지배했다. 잘못된 의사결정이 내 삶을 어떻게 파괴하고, 지배할 수 있는지 뼈저리게 느껴보았기에 그리고 다시는 그 시절로 돌아갈 수 없기에, 지금도 계속해서 부동산과 친구가 되기 위해 공부하고 있다.

여러분은 부동산이라는 친구를 통해 무엇을 얻고 싶은가? 오로지 '큰 수익(돈)'이 목표인가? 오로지 돈을 목표로 접근한다면, 부동산이란 친구가 여러분을 배신할 확률이 매우 높다는 사실을 기억했으면 한다.

'부동산 공부'하면 바로 '투자 공부'를 떠올리기 쉽다. 여러분의 '부동산 공부'를 다시 정의했으면 좋겠다. 부동산을 이 사회에서 살아남기 위한 생존 교양으로써 바라보고 공부하며 당신의 삶을 온전하게 지켜줄 기초체력을 키웠으면 하는 바람이다.

부동산은 이제 금융과 융합된 금융자산으로 진화했으며 앞으로도 더욱 복잡해질 것이다. 그 단적인 예가 전세 사기다. 전세 사기는 2000년대 초부터 반복되어 일어나고 있다. 당시는 크게 주목받지 못했던 전세 사기가 왜 지속해서 발생하고, 피해

규모가 증가했을까?

전세 사기는 그들의 출구전략 설계에서 시작됐다. 부동산이 생존을 위한 필수재(소비재)인 것을 이용한 것인데, 이들의 출구전략은 필수재인 주택(다세대 등)의 실제 가치와 가격평가가 어렵다는 것에 방점을 두고 설계되었다. 여러분이 이들의 출구전략을 분석해 낼 수 있다면, 부동산 투자의 리스크와 실패를 줄이고 자기 자신과 가족의 삶을 지킬 수 있게 될 것이다.

부동산을 취득하고, 운영하고, 매각하는 이 세 단계 과정 중에서 제일 중요한 단계는 무엇일까? 필자는 취득 전 단계라고 생각한다. 부동산 투자에 들어가기 전에 여러분은 취득, 운영 그 후 매각 과정을 설계하여야 하며, 취득 전 수익성 검토(전셋집을 구한다면 전세보증금의 안전한 회수)가 완료된 후 비로소 취득 단계에 들어가야 한다. 조금은 냉정하지만, 현실적인 이야기다. 여러 번 강조하지만, 의사결정 전 리스크 관리를 위해서는 꼭 출구전략을 마련해야 한다.

임대차계약부터 매매계약, 경매, 도심(비도심) 개발까지, 부동산 투자의 의사결정은 하나의 맥으로 통한다. 법률적, 경제적, 기술적, 사회·문화적 관점에서의 철저한 분석을 기본으로 도시·군 기본계획과 관리계획(지구단위계획)의 변화와 현황, 거시경제와 정책의 움직임, 부동산을 사용하고 욕망하는 사람들의 니즈와 트렌드의 변화까지 폭넓게 바라보며 자신만의 의사결정

기준을 수립해야 한다.

경제적 요인을 비롯해 자신의 현재 상황에 대한 정확하고 객관적인 진단, 투자(사업)로 이루고자 하는 수익의 형태(차익형(capital gain) 혹은 수익형(income gain))나 투자(사업)의 주체로서 목표하는 수익률(요구수익률)을 설정해야 한다. 이 모두를 고려해 다양한 상황에 대응하기 위한 출구전략(우리에게 중요한 것은 언제나 '세후현금흐름'임을 다시 한번 명심하자!)들을 필수로 포함하는, 철저한 투자(사업)계획을 수립하고 검토해야 한다.

실제로 직접 거주하기 위해 전셋집을 구하고 있는 독자분들이라면 필자가 설명한 부동산 투자(사업)계획이나 현금흐름 등에 대한 설명이 아직은 자신과 직접적인 관련이 없는 이야기라고 느껴질 수도 있을 것이다. 하지만 앞서 언급했듯 임대차계약 만료 후 출구전략에 대해서 반드시 생각해 보아야 할 것이다. 현실은 냉혹하며, 모르면 당하는 것이 이 세상의 현실이다. 그러기에 똑똑하게 살아야 한다. 세상을 살아가는 통찰력은 하루아침에 얻어지지 않는다.

이 통찰력을 얻기 위해 필자는 지금도 부동산이란 친구에 대해 공부하고, 여러분과 함께 성장하고자 한다. 지금부터 한 계단 한 계단 함께 성장하기 위하여 공부하고 소통한다면, 5년 후, 10년 후, 더 나아가 30년 후, 여러분의 미래가 더욱 긍정적인 방향으로 변화할 수 있을 거라 확신한다.

이 책에 모두 담지 못한, 꼭 들려주고 싶은 공간기획 개발자로서의 인사이트 또한 책 출간을 계기로 여러분들에 아낌없이 전달하고 싶다. 이 책이 여러분들의 삶에 있어 든든한 친구(자산)가 되어줄 수 있기를 바라며, 다양한 곳에서 부동산에 대해 함께 소통할 수 있는 시간을 가졌으면 한다.

항상 여러분의 꿈을 응원하며, 함께 성장하기를 기원한다.

빨간 벽돌집을 사랑하는 도시 개발자

오윤석

남들이 보지 못하는 가치를 찾아내는

부동산 투자의 관점

초판 1쇄 발행 2023년 11월 13일

지은이 오윤석
펴낸이 김선준

책임편집 이희산
편집팀 송병규
마케팅팀 이진규, 권두리, 신동빈
홍보팀 한보라, 이은정, 유채원, 권희, 유준상, 박지훈
디자인 표지 김세민 **본문** 정란
경영관리 송현주, 권송이

펴낸곳 페이지2북스 **출판등록** 2019년 4월 25일 제 2019-000129호
주소 서울시 영등포구 여의대로 108 파크원타워1. 28층
전화 070) 4203-7755 **팩스** 070) 4170-4865
이메일 page2books@naver.com
종이 ㈜월드페이퍼 **인쇄** 더블비 **제본** 책공감

ISBN 979-11-6985-048-3 (03320)